中国少数民族人口丛书

苗族

翟振武　主编

杨　村/著

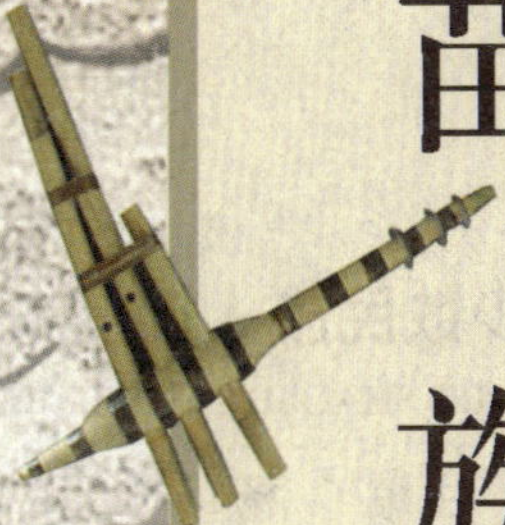

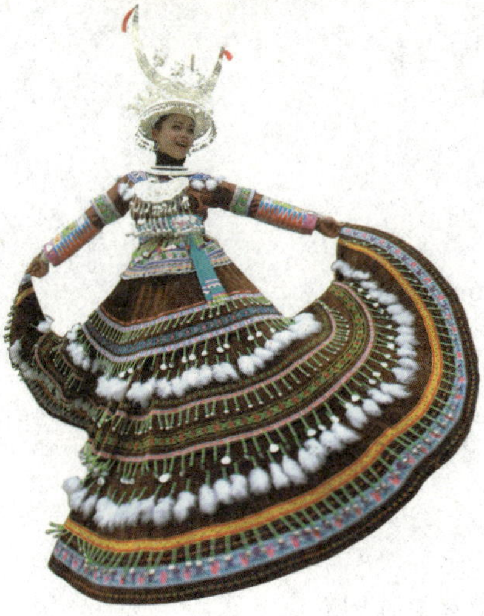

图书在版编目（CIP）数据

苗族/杨村著．—北京：中国人口出版社，2012.12
（2022.7重印）
（中国少数民族人口丛书）
ISBN 978-7-5101-1465-6

Ⅰ.①苗… Ⅱ.①杨… Ⅲ.①苗族—民族文化—中国
Ⅳ.①K281.6

中国版本图书馆 CIP 数据核字（2012）第 257812 号

中国少数民族人口丛书　苗族
ZHONGGUO SHAOSHU MINZU RENKOU CONGSHU　MIAOZU
翟振武　主编　杨　村　著

责任编辑　曾迎新
美术编辑　刘海刚
责任印制　林　鑫　王艳如
出版发行　中国人口出版社
印　　刷　北京兴星伟业印刷有限公司
开　　本　710 毫米×1000 毫米　1/16
印　　张　11.5　插 1
字　　数　158 千字
版　　次　2012 年 12 月第 1 版
印　　次　2022 年 7 月第 2 次印刷
书　　号　ISBN 978-7-5101-1465-6
定　　价　45.00 元

网　　址　www.rkcbs.com.cn
电子信箱　rkcbs@126.com
总编室电话　(010) 83519392
发行部电话　(010) 83510481
传　　真　(010) 83538190
地　　址　北京市西城区广安门南街 80 号中加大厦
邮　　编　100054

序

如果把一个民族比作一颗星星，那我们就是生活在一个繁星满天的世界。当今世界上有约3000个民族，分布在200多个国家和地区，绝大多数国家由多个民族组成。中国也是同样，是由各族人民共同缔造的统一的多民族国家。在漫漫的历史长河中，生活在中华大地上的各族人民密切往来、交流融合、团结奋斗、休戚与共，形成了一个伟大的强盛的中华民族大家庭，共同开发了祖国的美好河山，共同推动了国家的发展和社会的进步。

在中华民族的大家庭中，有56个成员，其中有55个是少数民族。新中国成立以来，少数民族人口一直持续增长。1953年第一次全国人口普查时，少数民族人口总数为3532万人，占全国总人口的6.1％。2010年进行第六次全国人口普查时，少数民族人口总量达到了1.14亿，几乎是1953年的3倍，占到了全国13.4亿人口的8.5％。各少数民族人口数量相差较大，如壮族有1693万人，回族1059万人，满族1039万人，维吾尔族1007万人，而赫哲族只有5354人，塔塔尔族3556人，独龙族6930人。中国各民族的人口分布呈现大散居、小聚居、交错杂居的特点。汉族地区有少数民族聚居，少数民族地区也有汉族居住；许多少数民族既有一块或几块聚居区，又散居全国各地。中国少数民族聚居区大都地广人稀，资源富集。少数民族地区的草原面积，森林和水力资源蕴藏量，以及天然气等基础储量，均超过或接近全国的一半。全国2.2万多公里陆地边界线中的1.9万公里在民族地区。全国的国家级自然保护区面积中民族地区占到85%以上，是国家的重要生态屏障。中国各民族的起源和经济、社会、文化的发展有着本土性、多元性、多样性的特点，五彩缤纷，丰富多彩。

要全面认识中华民族，就要从认识每一个民族开始。正是从这个理念出发，我们编写了这套《中国少数民族人口》大型系列丛书，力图从历史、文化、经济、社会等各个方面，用准确、科学、生动的语言，全方位描述和展现各少数民族灿烂辉煌的历史和现状，编织出一幅绚丽多彩的中华民族大家庭的“全家福”。

编写这样一套大型系列丛书，难度非同一般。几经论证和深入研讨，最终形成了编写大纲，这套丛书各个分卷的作者绝大多数由少数民族作家担任，他们不仅熟悉自己民族的历史和文化，而且对本民族有深厚的感情。在国家新闻出版总署、国家人口计生委和中国人口出版社的大力支持下，作者们历经数年，几易其稿，终成此书。值此丛书出版之际，我们衷心地祈愿这幅“全家福”能为民族的交流和团结，为中国的文化建设，为整个中华民族的繁荣昌盛，作出一份微薄的贡献。

翟振武

2012年5月于北京

PREFACE

Every nationality sparkles like a star in the firmament. Now we have about 3000 stars distributed across the world in more than 200 countries, most of which are multinational. So is China, which consists of a number of nationalities. For centuries, all the nationalities have lived together, worked together and fought together, making China a prosperous unified multinational country.

Of all the 56 nationalities in China, 55 are minorities whose population has been increasing since the founding of The People's Republic of China. According to the first census in 1953, the minority population was about 35. 32 million, accounting for 6. 1 percent of China's total population. By 2010, the number had almost tripled. According to the sixth census, the population of the minorities amounted to 114 million, making up 8. 5 percent of the 1. 34 billion people in China. The population size of minority groups varies a lot. Some of them have a large population, for example, the Zhuang Nationality has a population of 16. 93 million; the Hui has 10. 59 million people and the Manchu consists of 10. 39 million people. Some of the minorities are quite small, such as the Hezhe, the Tatar and the Drung nationalities, which have populations of 5354, 3556 and 6930, respectively. China's nationalities live together over vast areas with some living in individual, concentrated communities in small areas.

Some minorities' concentrated communities are scattered among the Hans, and some Han people also live in the minority communities. Some minorities may have one or more concentrated communities, while their people spread all over the country. Most minorities' concentrated communities have their people sparsely distributed in large areas with abundant resources. The grassland, forest, water and natural gas reserves in areas inhabited by minority people account for about half of China's total. Further, 19 000 kilometers of the nation's 22 000-kilometer land boundary are in minorities' communities. In addition, 85 percent of the country's state-level natural reserves are in the minority areas, making the people important guardians of China's ecology. Each of the nationalities' origin is unique, and their development of economy, society and culture is full of variety.

Only by learning every aspect of the minorities' lifestyle can we have a comprehensive understanding of the Chinese nation. Under this notion, we write this series of books on the Population of China's Minorities to provide a detailed picture of our Chinese nation, with the glorious past and prosperous present of the country's minorities.

It is through trials and tribulations that we write this spectacular series of books. Most of the authors, who have profound knowledge of the minorities and wrote the books with their strong emotions, are members of minority groups. With the great support of the National Publication Foundation, the National Population and Family Planning Commission and China Population Publishing House, the authors completed the books after years of unremitting endeavor.

On the publication of this series of books, we are looking forward to seeing these books contribute to the unity of the Chinese nation and help our country flourish in the future.

Zhenwu Zhai
Beijing
May 2012

目录

目录

第一章

苗族起源和变迁

第一节　枫木图腾与妹榜妹留

人类从哪里来？我们的祖先究竟是谁？这是一个饶有趣味的问题，也是人类长期以来孜孜探求的问题。在苗族神话传说中，苗族的起源与枫树有很大的关系，苗族最远的始祖就是妹榜妹留，汉语翻译为“蝴蝶妈妈”。现在，我们首先来看蝴蝶妈妈是从哪里来的？她和枫树有什么联系？

苗族是一个崇拜枫树的民族。相传，大地还没有出现人烟的时候，在茫茫的原野上，生长着一棵茂密的枫树，它的枝柯伸展开来，遮蔽着大地和天空，它的根延伸到大地的各个角落。各种动物都栖身在它的树荫下，等待日出日落，安全地度过春夏秋冬。春天，枫树开始生出嫩芽，嫩绿的枝叶散发着芬芳，群鸟百兽在它的荫护下，欢快地度过一个又一个美丽的春天；夏天，枫树郁郁葱葱，青绿一片，百鸟将自己的巢筑在树上，群兽把自己的窝砌在树下，度过一个又一个炎热的夏天；秋天，经霜的枫叶渐渐变红，在阳光的照射下，整个原野火红一片，百鸟带着自己的孩子在树梢上嬉戏，群兽带着自己的孩子在枫树下游玩儿，一个个金色的秋天就这样过去了；冬天，大雪把大地覆盖了，枫树也被大雪压成了一个巨大的蘑菇，在枫树与大地之间，形成了一个巨大的空间，这个空间就成了百鸟和群兽的屋子，百鸟与群兽就在这个巨大的空间里，度过了一个又一个冬天。

枫树站在原野上，站在春夏秋冬里，一年年过去了，它的枝叶不断扩展，它的根须不断延伸。有一年，它的枝叶伸到天上了，把天上顶得坑洼不平，天上的神意见很大，纷纷起来抗议；它的根伸向了四面八方，向东伸到了太阳升起的地方，向西伸到了太阳下沉的地方，向北伸到了北海（北边的海），向南伸到了南海，整个天地开始动摇，百鸟和群兽也烦躁不安。就是那一年，天上派来一个神仙与枫树谈判。神仙背着一把巨大的斧头，从天边飘飞而下，飞到枫树跟前。神仙说，枫树，你的枝柯长得太高，把天都撑破了，你的根伸得太远，把地都撑漏了，你看怎么办？枫树看神仙一副怪模样，鄙夷地对神仙说，天是我的天，地是我的地，与你何干！神仙举着斧头对枫树说，限你三天把你的枝柯缩短一半，把你的根缩短一半，否则，我的斧头就不是吃素的了！枫树眯着眼睛瞧了一下神仙的斧头，一头是斧柄，长长地伸向天空，一头是斧口，白晃晃地闪着青光。枫树说，你的斧头不是也顶到了天吗，如果你把你的斧头缩短了，我就把我的枝柯和根也缩短了！神仙听枫树这么一说，以为问题解决了，于是，它把斧柄一收，奇长的斧柄只剩下手臂那么长。枫树本来以为神仙的斧柄不会缩短，只是说说来吓唬神仙的，哪知神仙不费工夫就把斧柄缩短了。现在，枫树看见神仙把斧柄缩短了，它却不能把自己的枝柯和树根缩短。枫树只好说，那你先回天上去吧，我要用三天时间才能缩短。神仙信以为真，飞上天宫去了。神仙回到天上等待枫树履行它的诺言。一天过去了，两天过去了，三

天过去了，枫树不仅没有缩短它的树枝和树根，反而长得更长，整个天上这里一个山包，那里一块洼地，连摆桌子吃饭都找不到平坦的地方了。上天很生气，决定对枫树进行一次惩罚。

一天，整个大地忽然雾合云集，雷电交加，大雨一直下个不停。枫树密密的树冠也被大雨打得千疮百孔，躲在枫树下的百鸟和群兽被吓得魂飞魄散。许多天过去了，雨慢慢地停了。上天以为枫树被雷电和大雨袭击，它不敢再把枝柯向高处伸展，也不敢把树根向远处延展了。哪知，一阵风过后，枫树受到大雨的润泽，长得更加茂盛，枝柯长得更快更高，树根长得更快更长，不仅把天上闹得鸡犬不宁，而且东海龙王也起来抗议了。后来，东海龙王和天宫里的神联合召开了一次会议，决定派神仙把枫树砍倒，以求取天地海洋的安宁。

神仙接到天神的命令，扛着它巨大的斧头从天上飞下来。一道电光划破长天，枫树还不知道天下发生了什么事情，就訇然倒地了。就在枫树訇然倒地时，它的树根变成了布谷鸟和黄鹂，树梢变成了脊宇鸟，树叶变成了燕子，树疤变成了蝉儿，木片变成了虱子，树桩变成了铜鼓，树心变成了蝴蝶妈妈，即苗语中的妹榜妹留。妹榜妹留出世的时候头发蓬乱，用兜勒油擦洗后，头发才光亮柔滑。天池煮鱼给她吃，妹榜妹留一天天长大。妹榜妹留 12 岁时，开始在河边与水泡恋爱。妹榜妹留对爱情忠贞不渝，鱼来向她求爱，她不为所动；鼠来向她求婚，她婉言拒绝。妹榜妹留和水泡恋爱了 12 夜后，生了 12 个蛋。妹榜妹留生下蛋后，自己不会孵，只好请脊宇鸟来给她孵。孵了 3 年多，终于孵出了雷公、水龙、蛇、虎、羊、大象、野猪和姜央。12 个蛋中孵出的姜央，就是苗族的祖先。所以，在苗族的神话传说中，妹榜妹留一直被视为苗族的始祖，一直被苗族人所崇拜。

据说，12 个蛋孵出来的兄弟中，姜央长大后机敏过人，智勇双全。他不仅敢与天斗，同时也与地上的许多恶魔作艰苦卓绝的斗争，战胜过一次又一次灾难。在苗族民间，《姜央开天》、《姜央斗雷公》、《姜央与老虎打猎》、《姜央与妹妹结婚》等故事广为流传。姜央是苗族人传说中的大英雄，这些故事都突出体现了姜央的英勇善战和顽强不屈的精神。但是，姜央又是一个自高自大的人，他目空一切，连和他一起从蝴蝶妈妈的 12 个蛋里出生的兄弟也不放在眼里。后来，他终于得罪了他的兄弟雷公，雷公呼唤洪水，淹死了地上的人类和万物，苗族人因此遭受到一场前所未有的劫难。

在苗族民间，把蝴蝶妈妈认为人类之祖，这是普遍的文化和身份认同，至今仍有可寻的痕迹。在贵州省黔东南苗族社区里，许多苗族支系都会有一个共同敬祭的木鼓，在他们的心中，蝴蝶妈妈就居住在这个木鼓里。过去，这个鼓都用枫木做，因枫木的坚韧度不够，后来才改用其他树种。黔东南的月亮山区的苗族祭祖时，在《寻鼓》、《寻找鼓藏牛》和《水牛祭祖的由来》等诵辞的章节里，都说到姜央去找鼓和鼓藏牛，用来祭祀蝴蝶妈妈。如此看来，苗族祭祖活动始于自己的始祖姜央，而且祭祀的对象是蝴蝶妈妈。祭鼓的传统至今仍在苗族社区流行，苗族的祭鼓就是祭祖。苗族的吃鼓藏祭祖先，在他们的列祖列宗里，蝴蝶妈妈是最远古的祖先。苗族妇女在刺绣时，喜欢绣的蝴蝶图案，也是苗族祭祖文化的一种体现，是对蝴蝶妈妈的一种纪念和记录。《枫木歌》（《妹榜妹留》）是祭祖歌，在苗族社区里，一般是 13 年一次的祭祖典仪时，由巫师在祭祖仪式上肃心敬唱的，苗族民众在聆听《枫木歌》时，都有一种对祖先的崇敬和祈求蝴蝶妈妈庇佑的心态。

在苗族人的文化根源上，这是一种血缘追溯，也是一种关于人祖的心理认同。

第二节　苗族族源及其迁徙

一、涿鹿大战

中国古代有三个部落集团。这三个部落集团的首领分别是黄帝、炎帝和蚩尤。蚩尤部落就是苗族的祖先。当初，蚩尤部落生活在黄河下游一带，即今天的冀、鲁、豫交界地区，黄帝和炎帝生活在西面，即今天的关中平原和山西南部。为了争夺肥沃的土地，三个部落集团发生了一场前所未有的战争。

相传，蚩尤部落善于制作兵器，而且勇猛剽悍，生性善战。蚩尤首先与炎帝部落发生了冲突。蚩尤部落联合巨人夸父等部族，用武力与炎帝部落进行战争。在屡次交锋中，炎帝部落都被蚩尤部落打败了。炎帝部落为了维持生存，也为了雪洗自己的耻辱，联合黄帝部落攻打蚩尤。

黄帝部落为了维护集团的整体利益，应允炎帝部落的请求，将势力推向东方。于是与蚩尤部落在涿鹿地区遭遇。双方交锋时，蚩尤部落倚仗人多势众和武器精良等条件，主动向黄帝部落发起攻击。黄帝部落则率领以熊、罴、狼、豹、雕、龙、鸮等为图腾的氏族，迎战蚩尤部落，并在河流上筑坝蓄水，以阻挡蚩尤部落的进攻。最后，黄帝部落利用有利的天气，得天时地利之助，集中力量对蚩尤部落进行围攻，应龙大将在冀州之野擒杀了蚩尤。这场战争整整打了三年。这就是《史记》里记载的“黄帝乃征师诸侯，与蚩尤战于涿鹿之野，遂杀蚩尤”①。

蚩尤被擒杀后身首异地，族人把他的头颅和身子抬回家乡，埋葬

① 《史记·五帝本纪》。

在寿张县和巨野县。《史记·集解》引《皇览》云："蚩尤冢在东平郡寿张县阚乡城中……肩髀冢在山阳郡巨野县重聚，大小与阚冢等。传言黄帝与蚩尤战于涿鹿之野，黄帝杀之，身首异处，故别葬之。"①

蚩尤葬在哪里，长期以来，莫衷一是，但苗族人一直将蚩尤看成是始祖，各地苗族都争着建蚩尤墓，在湘西、黔东南、滇东南的一些苗寨，都立有蚩尤墓。

二、九黎和三苗

九黎和三苗，都是我国古代的部落集团。

九黎部落集团的首领就是蚩尤，其活动时代距今有五千多年。他们生活在东夷大地上。东夷是夏商周以前的黄河下游地区，即今天的山东省境内和河北南部、山西东南部、河南东北部和江苏北部一带，东夷是许多族群和部落集团的总称，但实际上是指这些族群和部落集团生活的地域。三苗集团则是活动于距今有四千多年前的尧舜禹时代，历史上后来称其为南蛮或荆蛮等，其主要活动区域在洞庭湖与鄱阳湖之间的广大地区，即今天的河南南部和湖北、湖南、江西境内。《战国策》里有这样的记载："昔者三苗之居，左彭蠡之波，右洞庭之水，汶山在其南，衡山在其北。"②

九黎集团和三苗集团虽然活动在不同的时代里，但两个集团之间有承上启下的联系。三苗集团是九黎集团与黄炎集团战争失败之后，一些氏族部落离开黄河流域，由北而南迁徙，在洞庭湖与鄱阳湖之间的广大地区，重新发展起来的族群和部落集团。根据史书记载和苗族各地区的古歌传说，以及从民俗学等多方面去考察，苗族族源即从九黎集团开始，蚩尤是苗族的始祖，这是苗族历史上的必然链接。

---

① 《皇览·冢墓记》。

② 《战国策·魏策一》。

三、沿着江河往西走

在历史上，苗族经历过多次艰难曲折的大迁徙，是迁徙次数最多、迁徙路线最长的民族之一。关于苗族的迁徙路线众说纷纭，苗族现在分布的广泛性，正说明苗族迁徙路线的曲折性和复杂性，但基本认同的路线是由北而南，由东而西。其迁徙的原因是什么？是怎样一种缓慢的过程？又是怎样一种艰难的过程？

苗族迁徙的原因也是多种多样的。在西部方言苗族的古歌中，苗族的迁徙是因战争而起的；而在中部方言苗族的古歌中，苗族迁徙则是因为人口众多居住密集而开辟新的家园。由北而南，就是苗族先民从以蚩尤为首领的部落集团在与黄帝部落和炎帝部落的涿鹿战争中失利之后，生存下来的一部分族人融入了黄帝部落集团，另一部分族人向南迁徙，抵达了长江中下游一带繁衍生息。由东而西，就是苗族先民在长江中下游长期生活以后，建立起三苗部落联盟，又经过长时间的休养生息，渐渐强大起来。唐尧很惧怕新崛起的三苗部落，到舜即位时，下令分化三苗，强大的三苗部落联盟从此分化瓦解。《尚书·舜典》里的“流共工于幽州，放驩兜于崇山，窜三苗于三危，殛鲧于羽山”[①]，以及《史记》里的“请流共工于幽陵，以变北狄；放驩兜于崇山，以变南蛮；迁三苗于三危，以变西戎；殛鲧于羽山，以变东夷”[②]，说的就是这段历史。于是三苗集团进行分途迁徙，一部分逃到东海岸，形成一个独立的群体；被流窜到三危的一支，斗争不止，直到夏禹时期才初步归顺，在三危山一带居住下来；一部分从洞庭和彭蠡[③]之间向西迁徙。

---

① 《尚书·舜典》。

② 《史记·五帝本纪》。

③ 彭蠡，即鄱阳湖。

总的来说，由于部落集团的纷争和人口分布的矛盾，一大部分苗族先民离开了洞庭湖和鄱阳湖之间的大地，沿着长江流域由东向西迁徙，向“五溪”深处进发，继续开辟那些地广人稀、森林广布和湖池遍野的地区。《汉书·地理志》里的“楚越之地，地广人稀，饭稻羹鱼，或火耕而水耨”，记载的就是当时开辟荒原的情境。

苗族大迁徙是一个缓慢而艰难的过程。在各地的《苗族古歌》中，都有“行行又走走”的描述，都有“日月向西走，山河往东行。我们的祖先啊，顺着日落的方向走，跋山涉水来西方”的叙述，他们追赶着太阳的足迹，他们相信“西方万重山，山峰顶着天，好地方就在山那边，好生活就在山那边”。从这些描述中，可以看到苗族先民因为种种原因放弃自己的家园，携着家眷在进行大规模的长途迁徙中五里一回头、十里一徘徊的艰难历程，同时也看到苗族人对自己前途和命运充满了自信的力量。

四、从平原到高山

《苗族古歌·开天辟地》唱道：“丢下东方老家乡，地方平展像席子，广阔平原宽无垠，没有山岭和山坡，只有江河和湖泊。”古歌里唱的无论是黄河下游或长江中下游，都说明古代苗族长期生活的地方是广大的平原，是一个疆土辽阔，水丰草腴的水乡泽国。

目前，广大苗族人居住的自然环境和特点是山居性、分散性和边缘性。在贵州、云南民间，有许多顺口溜形象地概括苗族居住的自然环境。“汉族住街头，壮族住水头，苗族住山头。”“高山苗，水仲家，仡佬住在石旮旯。”这些俗语生动地描绘了苗族人居住的自然环境和与其他民族杂居的分散性。从苗族居住的地理分布来看，主要是云贵高原的中部地区、四川南部山区和湘西与桂北丘陵地带，湘黔川边区的武陵山区，贵州的苗岭、月亮山、麻山，广西的大苗山，以及黔滇边

境的乌蒙山等，都是苗族人的主要生活区。苗族人生活在那些大山里，他们克服了山区的恶劣环境，利用山区的有利资源，探索了一条独具特色的生存路径，也锻造了顽强坚韧的生存理念。

总而言之，苗族人长期而大规模的迁徙过程，是一个从平原到高山的迁徙过程。他们克服了千难万险，从黄河下游一带开始流转迁徙，到长江中下游一带，再进一步向山区迁徙，在广大山区定居下来。

五、关于开路歌的遐想

在苗族人的生命意识里，人死后有三个灵魂，一个由鬼师带着沿迁徙而来的道路回到祖先生活的地方团聚，一个守在自己的坟墓里，一个与子孙同在，并护佑着自己的子孙。所以，苗族人死后，都要请鬼师唱开路歌。唱开路歌时，歌师沿着苗族迁徙时经过的地名，将死者送了一程又一程，一直送到祖先生活的地方。那些开路歌少的唱到几十个地名，多的达 100 多个地名。

鬼师唱到的地名，有很多是真实的地名。比如有一首开路歌唱到的地名有凯里、旁海、施洞口、五岔、革东、长滩、剑河、辰溪、石阡、桃源、源凌、箱子岩等，这些地名都是真实可考的，有的地名至今仍沿用。由此观之，苗族人由东而西的迁徙路线，不仅在送走苗族亡灵的开路歌中有具体的体现，而且也体现了祖先的迁徙历史，这一史实已深深地勒入苗族人的生命意识里。这种神秘的迁徙过程，令今人产生无限的遐想。

六、党故松计和苗族迁徙的里程碑

苗族在长期的迁徙过程中，在许多地方曾经有过长时间的驻留，那些地方深深地留下苗族先民的脚印。在西部方言区云南文山苗族中，就有夺干底、朵汨郎、娄杈东、甲期榜染等，都是苗族迁徙路上里程碑似的地名。

在贵州省黔东南苗族侗族自治州剑河县太拥乡九连村，有一个地名叫党故松计，这就是苗族古歌传说里提到的党故坳。这个地名在苗族迁徙史上有着很重要的意义。现在，党故松计绿草如茵，方圆是茂密的林木和层层的梯田，山峰层峦叠嶂。

“松党故”，“松”汉意为坳。“党”译意为地坪，“故”汉意为集中，意为在坳坪处议事或议事的地方。“松党故”海拔约900米，总面积10亩，呈长方形。传说苗族祖先曾大规模定居在这片山区。每年，太拥河、巫密河两岸村寨的苗民均在这里聚会，并举行祭祖活动。有一次来的人太多，带的锅子少，就分一部分人拿肉到东边山坳上去烧烤吃，因而这个山坳叫“松计”（烧烤的山坳）。以上两地后来统称“党故松计”。因“西”、“方”两大支系服饰不同，踩鼓、踩芦笙的方式各异，聚会联欢时祖先便把地划为两处给他们活动，南面为“西”支人活动，故叫“西场”，北面为“方”支人活动，故而叫“方场”。还传说，苗家人死了以后，阴灵都要先回到“党故松计”，然后再回到东方老家去，因此，“党故松计”的阴灵很多，每次聚会的时候，白天是活人跳舞。活人跳舞从右到左，地下的草从右倒向左。夜里是阴魂跳舞，阴魂跳舞从左到右，第二天上去看，地上的草从左倒向右边。

现在，居住在黔东南的“西”、“方”、“柳”三大苗族支系，都是从“党故松计”分迁而来。苗族古歌唱道：“老寨人口多，山坡没田种。鱼多没河容，人多没处住……大家出主意，好好来商量。杀牛来议事，分迁来居住……分居九地方，分居九条河。”分迁时，把南东寨屋背山划为“九股祭祖山”，把南甲寨屋背山划为“九股祭祖土”，把久连寨北的一丘大田，划为“九股祭祖田”，又叫“午饭田”，并在南西山栽上九块约高三尺的石柱作为分迁的纪念，至今仍留有痕迹。

这次分迁的时间，据西、方两支系部分苗族老人数祖先辈数，距

今有 42 代，推算时间约在唐末宋初。

七、足迹遍五洲

苗族是中国历史上一个古老的民族，也是一个国际性的民族。

由于历史的种种原因，苗族从北向南，由东向西迁徙，渐渐远离了中国的江河平原地带，远离了中国的地理中心，而走向了山高谷深的西南边陲。清朝雍正年间，当最大的苗族聚居区贵州黔东南逐渐被开辟成为中央王朝的直接管理区时，另一支苗族人已经迁入了云南的边陲地带，有的已经跨出了国界，成为越南、老挝境内的居民，之后又向泰国、柬埔寨、缅甸流动。到 20 世纪 70 年代，这些苗族人又以战争避难的身份，迁入了美国、加拿大、法国、澳大利亚、法属圭亚那等欧洲、美洲、大洋洲大陆，从而成为一个世界性分布的民族，现在，国外苗族人口已经发展到 200 多万人。

第三节　白云生处有人家

一、开拓荒原，聚族而居

苗族的分布特点是山居性、分散性和边缘性，而山居性是苗族最突出的特点。苗族虽然在历次众多的长途迁徙中，历尽千辛万苦，一次次开辟家园又一次次被迫放弃，最后选择在高山峡谷里居住，但苗族人天资聪明，他们在长期与恶劣环境作斗争的过程中，积累了丰富的山居生活经验，并坚韧地生活在高山峡谷里，博大精深而独具魅力的民族文化写在大山里，写在河流上，写在他们自己的心间。

可爱的家乡美丽的家园，这是苗族人对自己的家园进行自豪的赞美。苗族地区有一首普为流传的歌曲《好地方》，就是对自己的家园的热爱和歌唱："站在高高的山坡上，放眼我们美丽的家园，每一座山都春意盎然，每一条河都绿波荡漾。那是我们神驰的土地，那是我们美丽的故乡。"

苗族人迁徙，以氏族为单位。每到一个地方居住时，整个氏族都聚合起来，落寨而居。在贵州省黔东南的许多苗寨里，如果要问当地人的祖先从哪里来，都有一个相似的传说：古时候，有九兄弟从东边打猎而来，他们追随着鸟兽的足迹，穿越茂密的丛林，沿着清冽的河流向西边走。一天，他们的猎狗追着一只野山羊箭也似地在丛林里跑，他们追啊追，忽然，野山羊纵深一跃，从九兄弟的视线里消失了。这时，他们抬头一看，天也黑了。他们倚着丛林在深山里度过了一夜。第二天起来时，九兄弟一看，一片水肥土美的山湾广阔地展现在他们的眼前，几丝白云像一只只绵羊从他们的头顶上飘过，一条小河缓缓地从深处流来。他们不约而同地说：这就是留下我们的地方啊。于是九兄弟分别在此开荒造土，居住下来，繁衍生息……

二、古枫树下的苗家

苗族人聚族而居，聚屋成寨。走进一座苗寨之前，首先看见的是高大茂盛的一片枫林，一道美丽的风景。听到一些鸡狗的鸣声传来，仔细看去，木屋便掩映在古枫树下，山路也曲曲弯弯地伸向户外的田野。苗族聚落主要在山间谷地和山腰台地上，古朴的木屋背阴向阳，一面倚着大山，一面向着太阳出来的地方。周围是蓊郁的森林和层层梯田，而清凉的水井便泛着清波，碧盈盈地汪在石板上。

小溪从山间流来，从苗寨下缓缓穿过，叮叮咚咚，如叙如诉。节日期间，炊烟从木屋里升起，苗族老人温馨地坐在屋廊上，喝酒，唱古歌，姑娘小伙们聚在游方坪上对歌，芦笙曲子也从寨中吹响。农忙时，弯弯的田埂上闪悠着苗族人的扁担，美丽的身姿映在水田里，百

鸟在林间跳跃着歌唱，苗族人与大自然和谐地相处，过着一种幸福自足的生活。

在苗族山区，苗寨星罗棋布。苗族喜欢在村寨边留下高大茂盛的枫树，不仅因为枫树心变成了蝴蝶妈妈，是苗族的图腾物，而且因为他们认为枫树保佑着自己的苗寨。苗族人把寨边的枫树称为风水树和神树。

三、五溪在哪里

唐代诗人王昌龄贬谪龙标时，李白曾作诗怀念："扬花落尽子规啼，闻道龙标过五溪，我寄愁心予明月，随风直到夜郎西。"相对于政治中心的长安，五溪很远，夜郎很远。五溪在哪里呢？

五溪地，曾经是苗族大迁徙中的主要驿站。至今，一部分苗族人还居住在那里。"五溪"即沅水上游的五大支流，而沅水的上游就是现在的清水江。《水经注》记载："武陵有五溪，谓雄溪、满溪、酉溪、无溪、辰溪。"其范围以湖南省怀化地区为中心地带，包括湘黔渝鄂等省市的周边地区，共 39 个县市。历代文献对"五溪"多有争议。其实，"五溪"应该是泛指多条河流，即酉溪、辰溪（锦江）、武溪（泸水）、溆溪、雄溪（巫水）、无溪（舞水）、朗溪（渠水）、月溪和沅溪等，迄今仍无确指。

西周至战国时期，西周对"荆蛮"的多次用兵和楚国势力的扩展，苗族先民离开江湖平原，迁入五溪、武陵地区。汉至唐宋时期，苗族又从五溪、武陵地区出发，溯"五溪"向南向西迁徙，进入川南和贵州大部分地区，有的经川南和黔西北开始迁入云南；向南迁入广西，有的又由桂北进入黔南、黔东南。元、明、清时期，苗族继续从五溪、武陵地区迁入贵州、广西，并从贵州、广西及川南经过不同线路进入云南。

“五溪”地处山地高原向丘陵过渡地带，土地肥沃，雨水充沛，物产丰饶。北有武陵山脉，南有滔滔沅水。武陵山脉是云贵高原云雾山的东延地段，面积约10万平方公里，山系呈北东向延伸，是澧水与沅水的分水岭。弧顶突向北西，一般海拔1000米左右，最高峰凤凰山海拔2570米。武陵山区植被丰茂，溪湖众多。山上古木参天，林荫蔽日。其间有许多珍稀植物，如红豆杉、黄杉、铁尖杉、水杉、白豆杉、马尾松等，被誉为“松杉王国”。著名的避暑名山梵净山、张家界就在武陵山区。南面的沅江横贯湖南全境，全长1033公里，流域面积约9万平方公里，是古代从湖南通往贵州的重要航道。苗族人在那里休养生息，然后又沿着“五溪”迁徙。“五溪”像一棵大树，苗族人溯河而上，就像沿着大树的枝丫，分流到四面八方。

四、高高的苗岭

有一支著名的曲子叫《苗岭的早晨》，就是以苗族飞歌特有的旋律为主要素材进行编写的。曲子描绘了一幅苗岭晨曦的秀丽景色，表现出苗族人民欢乐幸福的生活景象。

苗岭山脉横亘于贵州东南部，一般指惠水以东至雷公山东麓，长约180公里，宽约50公里的断续绵延山地；或泛指西起六枝，东达锦屏的东西分水岭高地。海拔一般1200～1500米，有1500～2000米以上山峰多座。苗岭系长江水系和珠江水系的分水岭。因地处苗族集中聚居区，故名苗岭。苗岭属亚热带湿润山区，是贵州省重要林区之一。

苗岭主峰雷公山海拔2178.8米，为黔东南第一高峰，地处黔东南苗族侗族自治州雷山、台江、剑河、榕江四县之间，由十多座1800米以上山峰组成。山势雄伟，俯仰生姿。雷公山，苗语意为雷公居住的地方。山上夏季雷霆频响，山也因此得名。

雷公山又称牛皮大箐，自古就以林木幽深著称。清代咸丰、同治

年间，苗族英雄张秀眉、杨大六曾以雷公山为屏障，率领苗民抗清起义，当年张秀眉点将台遗址仍巍然屹立。昔日人迹罕至的雷公山，如今已辟出盘山公路，游人可驱车直达山顶。峰顶建起电视转播台，60米高的铁塔，巍然屹立，直插云天。雷公山看佛光，观日出，令人心旷神怡，叹为观止！

从贵州省黔东南苗族侗族自治州凯里市出发，驶向雷公山，站在海拔2178.8米的苗岭山脉主峰雷公山顶上，远近的茫茫苍山就在人们的视野下，就像站在一座巨大的沙盘前面，那些山脊和沟谷的走向清晰可睹。阳光当空照耀，原始丛林闪耀着柔美的光泽。清新的山风从谷底里吹上来，能闻到大自然的淡淡的清香。随着目力所及的远处展开无限的想象翅膀，北面的香庐山孤峰耸矗，而东面绵延起伏着老山界、天堂界、青山界和八万山，那些山峰在蔚蓝色的天空底下熠熠生辉，真是一片壮美的河山！

从山上走下来，就要走入丛林了。大山与丛林是密不可分的。丛林高大而茂密，它们是大山的华服。它们峰连峰岭连岭地披裹在大山之上，从古至今。踏着秋天的落叶沙沙作响，抚摸着几百年树龄的巨树，赞叹着大山的神奇，来到那些依贴在山间的苗寨。那些苗寨坐落在丛林里，与大自然融为一体，它们也成了大山的一部分。苗族山民纯朴地从山路上或者田间走过，都像大山一样沉默。或许，他们已经像大山一样，长期地相守相依，也养成了大山一样的性格①。

站在高高的苗岭上，晨曦初露，山峦起伏，松柏苍翠的苗岭晨景沐浴在春色之中。百鸟在晨曦中鸣啭啁啾，尽情欢唱，一幅春归画卷尽展眼前。苗岭，承载着苗族人，滋养着苗族人，因此，它被人们誉为苗族人心中的圣山。

---

① 杨胜利、杨村著：《大自然的味道》，《当代贵州》，2008年第9期中旬版。

五、西江——最大的苗寨

西江苗寨位于贵州省黔东南苗族侗族自治州雷山县境内，是全国最大的苗寨，全寨有 5600 多人，1250 多户，被人们称为“千户苗寨”。西江，是苗语“鸡讲”的音译，意思是苗族西氏支系居住的地方，世居者均为苗族。西江千户苗寨北倚苗岭主峰雷公山，四周重峦叠嶂，梯田层层，白水河从寨下穿流而过，将西江苗寨一分为二。河水灌溉沿溪两岸的农田，注入巴拉河后汇入清水江。河上有风雨桥连通南北，是寨上接待宾客和寨内老少憩息的场所。全寨四周被层层的枫香树、杉树和青松围绕。

最大的苗寨——西江

西江苗寨依山傍水而建，全为苗族吊脚楼，层层叠叠的房屋呈金字塔形，堆叠在几坡几岭上，蔚为壮观。相传，600 多年前，寅公和卯公两位老人携着家眷，迁徙到此，一看，西江这个地方适宜农作物生长，于是在这里建屋开田繁衍后代，成为这里最早的居民。几百年来，

苗族人的声音，一直在西江萦绕着。

西江苗族热情好客。客人来到家里，全家老少都热情接待。主人双手捧来一碗碗香喷喷的米酒敬客人，以示对客人的欢迎。若遇节日请酒迎客，礼节更加隆重。日常饮食，以酸、辣、甜等食品为主。按季节备有酸菜、糟辣子、腌鱼、腌肉、腌笋子、腌蕨菜。鲜鱼煮酸汤，味美可口。每逢苗年，家家都做甜酒，煮冻鱼款待客人。

西江民族服饰鲜艳夺目，花色品种丰富多彩。女青年节日盛装，头戴银花、银梳，别簪银角，包银围布片，戴耳环，颈挂银项圈，手戴银手镯，全身打扮得银光闪闪。

西江被人们誉为“芦笙的故乡”。农历六月“吃新节”，十月苗年节，男女老少身着节日盛装，齐集芦笙场，踏着芦笙曲起舞。节日里开展斗牛比赛，苗族人牵着自家的黄牛和水牛在河床里进行打斗，给节日增添无限的快乐。

第二章

独特的社会组织与风俗习尚

第一节　从母系氏族到父系氏族

一、嫁男还是嫁女

过去，苗族没有文字，在漫长的历史岁月中，它的历史都是通过古歌和传说传承和叙唱的。在数千年的历史长河中，苗族的起源、变迁和发展，基本上都体现在古歌和神话传说中。所以，苗族的社会分工与婚嫁变迁的痕迹也只能在苗族歌谣和传说中寻找。

从嫁男到嫁女，应该是苗族古代婚姻中的一个渐变的过程，也是苗族由母系氏族向父系氏族转变的一个过程。在母系氏族社会，人类还处于群婚阶段，即女子都留在本氏族内，将另一个氏族的男子娶到本氏族来，与本氏族的女子共同繁衍后代。现在，我们只能在其传统的歌谣里寻找这一线索的轨迹。贵州省黔东南苗族社区流传的古歌《男子出嫁》，云南省文山苗族社区流传的古歌《留姑娘》，云南省昭通苗族社区的传说《男子出嫁》，贵州省黔北苗族社区的传说《接女婿》等，都反映了苗族原始社会在母系氏族阶段的嫁男不

嫁女的历史痕迹。苗族古歌中的《从嫁男到嫁女》篇章不仅描述苗族社会从嫁男到嫁女的过程，而且详细地描述了洪水滔天，兄妹成婚繁衍后代的全部过程。黔东南的《兄妹歌》，就是以兄妹或姐弟以及姑嫂对答的形式，反映了从嫁男到嫁女的历史进程，从生产生活中男女社会的职能上，找到了嫁男或嫁女的充分依据。苗族古代先民由嫁男到嫁女，也标志着氏族部落由母系氏族向父系氏族过渡的过程。

为什么从嫁男到嫁女呢？这得从苗族古代社会的分工说起。

在母系氏族时期，苗族部落以女性为中心，一切生产活动，都以女性为主持者和领导者。在原始社会阶段，采集是苗族先民的主要生产形式，以采集为生存的主要手段，采集是物质的主要来源，女子正是采集生产中的主要承担者。男子通常承担着鱼猎生产活动，是社会生产生活的重要经济补给。随着社会的发展，生产关系渐渐发生了变化，男女的社会分工也渐渐发生变化。女子已经不能胜任一些重体力劳动，必须由男子来承担。女子主要退居于家里干家务活和针线活。从苗族古歌中，可以明显地透视到这一点。

苗族古歌《留姑娘》是这样唱的："远古的时候，人类的婚姻，儿子嫁出去，姑娘留下来。留下做哪样？留下讨新郎。"这说明在当时的苗族社会里，男子出嫁，由女子来迎娶。如今，贵州省黔东南的许多苗族社区在吃姊妹饭节时，女子在家准备食品等待男子的到来，以及女子出嫁后要过回门礼，并在娘家暂住一段时间的习俗，应当是苗族母系氏族社会婚姻的遗风。

在贵州毕节，苗族古歌《嫁男改嫁女歌》[①] 唱得更加明白。歌中唱道："从前啊，山上开满鲜花，地上长满绿树。那时啊，是将儿子

① 燕宝编：《中国民间文学集成·贵州苗族歌谣选》，中国民间文艺出版社，1989 年版。

出嫁，让姑娘在家。”但三年过后，屋开始破烂了，女子砍不动树木来维修，结果只好招回嫁出去的儿子来修。后来，就把女子出嫁，让男子迎娶了。就像歌中所唱的那样，“婆妈呀婆妈，原来我说儿子力气好，你说儿子会说不会做。我想让儿子承家业，叫姑娘出嫁作媳妇!”

可以说，古代苗族社会由嫁男到嫁女，就是由母系氏族过渡到父系氏族的一种标志。那时，农业技术已经有了很大的发展，采集经济已经不再是主要的农业生产，男子已经开始驾牛耕犁了。

二、部落联盟的形式

我国原始社会的后期，黄河、淮河、长江三大流域生活着三个主要的部落联盟，它们是分布于黄河中下游的炎帝黄帝部落联盟和分布于黄河下游溯河而上向中原发展的少皋部落联盟，以及分布在江淮之间、古荆州地区北上发展的三苗部落联盟。

前面我们说到，苗族是我国历史悠久的少数民族之一。早在五千多年前，他们就生活在东夷大地上。那些原始的丘陵、江河、湖沼地带，成了他们赖以生息、劳动、繁衍的地方，他们在那里度过长长的原始社会生活。随着社会的不断发展，这些原始人群经过长期的生产劳动，逐渐地改造自己，一步步摆脱了原始游群生活状态，进入母系氏族社会，再进而到父系氏族社会及部落社会。而苗族的部落社会主要表现形式是鼓社制社会组织。

苗族社会组织中的部落联盟是一种怎样的形式呢?

苗族部落的形成，与苗族的婚姻变革有着密切的关系。婚姻的变迁，由嫁男到嫁女，促使苗族氏族内部不断壮大，氏族的不断壮大又促使了氏族集团的扩张，苗族部落就这样以氏族血缘为关系形成了。

苗族部落是一种独特的社会组织，它以氏族血缘关系为纽带，由一个氏族组成，也可以由多个相近的氏族组成，都以鼓社为单位的形式出现。在远古时代，为了扩张势力，拓展生存空间，部落之间总会发生许多矛盾冲突，冲突的结果往往升级为战争。在那种弱肉强食的生存环境里，许多近亲的部落或近邻的部落，常常组成一个大的部落集团，这种由多个部落组成的大的部落集团，就是部落联盟。苗族部落联盟有自己的议事典仪和议事首领，在重大的经济来往或文化交流上，在面对外敌侵略或对抗强敌上，部落联盟都会组织部落盟员来议事。因此，部落联盟不仅是指挥对外战争的机构，而且是管理地方治安、伦理道德和公私财产等与部落联盟共同利益相关事务的组织。

三、姜央兄弟分家

姜央兄弟分家，是苗族神话故事和古歌传说中的故事。从这个神话传说中我们可以看到苗族古代社会私有制产生的史迹。

贵州黔东南的苗族古歌是这样叙述的，姜央和他的兄弟雷公、龙、虎、蛇等从蝴蝶妈妈生的12个蛋里孵出之后，众兄弟都长大了，个个争当大哥，姜央用火攻，制服了众兄弟，当了大哥。后来兄弟分家，龙分得水塘，雷公分得天空，老虎分得森林，姜央分得大地，蛇分得洞穴。后来，雷公霸占了耕牛和家产，姜央去向雷公借牛犁田，之后把牛杀来祭祖了。雷公从天上下来劈姜央，姜央把雷公捉进他的铁笼里。雷公得水后，破笼而出，逃到天上，降洪水来淹姜央。姜央上天与雷公打斗，迫使雷公退去了洪水①。也有的传说是姜央分得了狗，雷

① 田兵编选：《苗族古歌》，贵州人民出版社。马学良、今旦译注：《苗族史诗》，中国民间文艺出版社，1983年版。

公分得了牛，于是才有以上的纷争和故事[①]。西部苗族广泛流传蚩尤的神话传说，都说始祖蚩尤原住河北（传说叫浑水河北边即黄河边上），势力很强大。后来，被黄帝打败才南迁，又被打败，再西迁。《蚩尤的传说》[②]一书中，在《蚩尤的神话》篇里说，苗族最先住在黄河边上的蚩尤坝里，蚩尤带领 81 个兄弟，种庄稼，建城池，神鸟带他去找药，他又发现铜，冶炼铜，制兵器。黄龙公来攻打，蚩尤头戴牛角帽，身穿牛皮袍，挥舞铜宝剑，杀退了敌人。黄龙怕铜，逃跑了。黄龙公又用宝葫芦来收苗家，蚩尤就用火烧葫芦。雷老五假意拜蚩尤为兄，向蚩尤学到了医药和冶炼铜造兵器之术，还骗走了蚩尤的铜板斧。最后，黄龙公联合赤龙公和雷老五一起攻打蚩尤，蚩尤牺牲，苗众渡黄河南迁。

在苗族神话传说中，姜央和蚩尤是同一个人，他就是苗族的始祖。姜央兄弟分家，预示私有制开始产生了。姜央和他的兄弟们本来是一家，拥有共同的财产。但在长期的共同生活中，私有制观念慢慢产生，出现了分家分割财产的结果。于是许多纷争就出现了，古代战争就是这样引发起来的。

四、关于苗族的族称

在历史上，苗族的称谓有自称和他称两种。自称又因方言不同而有差异，分别有仡熊、嘎闹、模、蒙、苗等称谓。而在汉文献中，根据苗语自称音译，把苗族称作“蛮”、“髳”、“猫”、“苗”等。又因支系的不同，服饰的差异，认识角度的殊异和时代的局限等原因，各地苗族又有红苗、黑苗、青苗、白苗、花苗、长裙苗、短裙苗、长角苗、歪梳苗、九股苗，高坡苗、下江苗等各种各样十分杂乱的

① 吴一文、覃东平著：《苗族古歌与苗族历史文化》，贵州民族出版社，2000 年版。
② 潘定衡、杨朝文主编：《蚩尤的传说》，贵州民族出版社，1989 年版。

他称。苗族的历史十分悠久，其先民和远古时代的“九黎”、“三苗”、“南蛮”有着密切的关系。根据古文献和苗族的民间口碑资料，多数苗族研究者认为，以蚩尤为首的“九黎”部落联盟是可考的苗族最早的文化源头，也有学者认为苗族族源确切地只能上溯到“三苗”。九黎部落联盟最早生活在黄河中下游一带，在其西进过程中，与东扩的黄帝部落联盟发生战争。经涿鹿之战失败后，九黎联盟中的部分部落向南迁移。千余年后，他们在长江、淮河流域又组成了三苗部落联盟，并相继与黄河中下游流域的尧、舜、禹部落展开了长时间的武装对抗。商周时期，他们被黄河流域的华夏民族称为“南蛮”、“荆蛮”。

春秋战国时期，受中原民族大融合和频繁战争的排挤，尤其是受秦楚之战的影响，南蛮后裔再次向南迁徙。秦汉时期，聚居在武陵山脉的苗族先民被称作“黔中蛮”、“武陵蛮”、“五溪蛮”，并渐渐形成为一个稳定的族体。此后逐渐迁入贵州、广西、川南、云南的山区。大约在明朝时期，苗族已经基本上形成了现今这种分布格局①。

20世纪早期以前，在民间，苗族通常被人们称为“苗子”，这是含有贬义性的称谓，它往往让人理解为一个野蛮的族群。只有一些进步的文人，才渐渐唤起民族的觉醒，努力消除民族歧视，把苗族称为“苗”、“苗人”或“苗族”等。中华人民共和国成立后，国家将苗族这个称谓确定时，得到了这个族群的普遍接受和认同，绝大多数民族身份被确认为苗族的人，不再感到“苗”是野蛮的代名词或贬义性的称谓。现在，苗族已经是一个与其他民族平等的民族，在他们的共同心理上已经消除了被歧视的状态②。

---

① 彭水新闻网，http：//ps.cqnews.net/html/2005－11/25/content _ 1909459.htm。

② 石茂明著：《跨国苗族研究/民族与国家的边界》，民族出版社，2004年版。

第二节　大家来议榔

一、凝聚族群的法宝——鼓社

在历史上，鼓社制是苗族的基本社会形态。鼓社，苗族人自称为“江牛”，一个“江牛”就是一个鼓社。鼓社头称为“该牛”（音译）。实际上，苗族鼓社组织应当追溯到苗族的部落时代，一个鼓社就是一个部落。许多鼓社的联合体就是部落联盟。这些鼓社是由近亲或近邻的氏族组成的。它的社会功能涉及苗族社会的方方面面，大到战争的组织指挥，小到社会事务的管理，都由这种鼓社来统一调度，统一指挥，统一分配。可以说，苗族的鼓社是一个民主的社会组织，它的功能是凝聚族群和管理族群。

鼓社内部成员人人平等，没有高低贵贱之分。“该牛”（鼓社头）由鼓社内推选产生，推选的方式是组织鼓社内德高望重的人来商议决定。那些做事公平，热心公益事业，在鼓社内外都享有较高的威望，而且父母健在，夫妻和美，儿女双全，人丁兴旺，经济条件好，家族力量占有一定优势的人会被确定为鼓社头。这种由氏族全体成员共同推荐推举产生鼓社头的方式，既公开，又民主，手续简单易行。“该牛”可连选连任，也可届满重选。苗族鼓社的届期一般以杀牛祭祖为届，每一次杀牛祭祖之后，到第二次集会杀牛祭祖，一个周期为一届。苗族鼓社的最重要活动就是组织族群祭祖，在祭祖活动中，“该牛”负责一切活动的安排，平时则负责日常社会事务的管理，包括生产、节庆、文化娱乐、外交等日常事务，“该牛”都要率先垂范，带头搞好生产，管理好一切社会事务。鼓主之下设有副鼓主若干，协助鼓主分管劳动、文娱、婚姻、社会纠纷等社会事务。

“该牛”是鼓社的灵魂。一切工作都是义务的，没有特殊的利益。“该牛”在鼓社中以德服人，以理服人，威望很高。因此，“该牛”的凝聚力很强，他是族群里的灵魂。从某种意义上来说，苗族的鼓社组织，也是一种团结和凝聚族群的社会范本。

二、鼓社从何而来

在苗族民间，鼓社的来源有很多传说。大多数传说都由来已久，都与苗族始祖蝴蝶妈妈和姜央有密不可分的关联。可见，苗族的鼓社起源很早，它伴随着苗族社会源远流长的历史，是一种古老的社会组织形式。

许多专家学者，尤其是苗族专家学者对苗族的鼓社起源都有相当深入的研究。《苗族鼓社节的来源》① 一文，就有这样的传说：从前，天下大旱，庄稼颗粒无收，姜央认为是人们没有祭祖，祖宗生气而降下灾难。于是召集族人来祭祀蝴蝶妈妈，祈求降福于子孙。人们先用蚂蚱祭祖，祖宗不满意，祭了九次都不灵验。后来改用水牯牛来祭祖，于是祖宗高兴了，收去瘟疫，普降甘露，降福人间，世间年年丰收，岁岁平安。从此，姜央定下规矩，13 年祭祖一次，以示不忘祖宗，代代传承，相沿成习。

另一种传说则叙述道：古时候牛未被人类驯养，整日东游西逛。一天，水牯牛不小心踩到了蝴蝶妈妈的坟上，蝴蝶妈妈生气了，要求杀牛去敬她。但水牯牛野性难驯，人们无法捕捉。水牯牛喜欢在水边洗澡，一次，它去河里洗澡，不小心踩到螃蟹身上，把螃蟹踩瘪了，螃蟹便伺机报复。当水牯牛再来喝水时，螃蟹夹住牛鼻，水牯牛很痛，无法摆脱螃蟹，只好向人求助。于是人便用绳子把牛鼻子穿起来。后

① 唐春芳著：《苗族鼓社节的来源》，《苗侗文坛》，1994 年第 4 期。

来牛只能听人的指挥，背着犁具耕田犁地。从那时起，就用牛来祭祀蝴蝶妈妈[①]。

在古代的苗族社会中，每个氏族都有自己的鼓社，鼓社是这些氏族的中心，是凝聚族群的灵魂，也是每个氏族的标志。鼓社成了苗族社会的指挥系统。古代苗族社会，就是在自己的鼓社领导中维系着族群的和睦团结，维护着族群的共同利益和伦理道德，为族群的长期发展和繁衍提供强大的精神支柱和组织保障，同时让族群在发展过程中完成自身文化的薪火传承任务。

三、祭鼓的典仪

祭祖也叫祭鼓或吃牯脏，是苗族祭祀祖先的重大活动，其典仪十分隆重。祭祖活动的来历，各地传说不一，但大多数传说是祭祀苗族始祖妹榜妹留，其祭鼓的典仪也大同小异。以贵州省黔东南剑河县为例，苗族祭祖节有两种，一种是白鼓，另一种是黑鼓[②]。白鼓的祭祖仪式较简朴，古规禁忌少，祭物用猪头或黄牛即可。黑鼓的祭祀仪式遵守古规，礼仪隆重，纪律严明，禁忌繁多，祭物必须用水牯牛。祭祖活动由江牛（鼓社）主持。

黑鼓祭祖活动的时间一般是秋季某月的甲子日开始。通常是由总鼓主（该牛）召集众鼓主一起来选择吉日。第一天，以小鼓社为单位，放祭祖牛打架。牯牛入场之前，该牛（鼓社头）必须杀一头小仔猪祭斗牛坪，其他鼓社成员杀一只鸭即可。之后鸣炮，吹芦笙，拉牯牛踩堂。入场顺序为：总鼓主、举鼓主（管理文化娱乐）、雄鼓主（管理农业生产），再到其他，逐一入场。每一头牛入场时，亲友为其挂彩、鸣炮祝贺。随后放牛角斗，直至一方斗败为止，胜方又与其他牛角斗。

---

① 吴一文、覃东平著：《苗族古歌与苗族历史文化》，贵州民族出版社，2000 年版。
② 《剑河县志》，贵州人民出版社，1994 年版。

斗牛时，总鼓主和雄鼓主必须在场。若有事离开，必须有鼓社其他成员在场。待所有的牛轮番斗毕，总鼓主和雄鼓主对饮牛角酒，表示祭祀结束。随之跳芦笙、木鼓舞，直至夜幕降临。

斗牛场上

第二天，各小鼓于寅卯时杀牛祭祖。古俗只杀两头，一头祭天，一头祭地。祭天和祭地的牛，其杀法各异。祭天的牛，须用枫木树或南竹将牛鼻高高地举向东方（相传苗族祖先从东方来），然后迅速用大刀向牛颈砍去，牛倒地而死。祭地的牛，须将牛鼻拴于枫木地桩上，头朝东方，然后以大锤猛击后脑而死。其他可仿祭天的牛杀，也可用其他方法杀。杀牛人一定选舅父或姑父，若舅姑无适当人选，可在本房族内选一人，但杀牛时必须称他为舅或姑。杀牛者为男性，但杀牛时着女式服装，意思是不让被杀的牛认识。牛死后，在牛身上盖上几片杉木叶，再请杀牛人吃早饭，下午剥牛皮，分牛肉，以皮、肠、肉、肝、肚等祭祖。

第三天，把牛角抬到鼓主家，放在堂屋或火堂间的柱子上当宗族位祭祀。之后，逢年过节以酒肉烧香纸祭祀。有些地方同时踩芦笙庆贺，但必须先由总鼓主和雄鼓主穿着盛装打着伞入场踩一至三圈，其他人才能入场。到第二年十月，有些地方以小鼓主为单位举行一次杀猪祭祀活动，其形式与杀牛祭祖大同小异。

苗族祭祖节

祭祖期间，禁忌较多，比如鼓主不杀生，不打人；不管鼓主在家与否，若有人问，必答“在”，鼓主若吃鱼，须吃一条；不说不吉利的话等。过去祭祖活动一般为 7～15 天。杀牛祭祖完毕后，还举行许多诸如象征人类繁衍等有趣的表演活动。现在，祭鼓的典仪已大有简化，短则一天，长则三天。

四、议榔和理老

议榔，在苗语中可以理解为议事活动，也可以理解为组织议事活动的组织或团体。它是苗族民间一种议定公约的形式或仪式，也是苗族社区共同的政治经济联盟体，是农村公社时期民主制度的残留。议

榔组织对内维护社会秩序，管理生产劳动，调解民间纠纷，对外抵御外侮外患，包括组织军事行为等。议榔组织由苗族社区不同宗的家族组合而成，是一种区域性村寨组织形式，由某一村寨或某一社区各寨子共同参与。在苗族社区，议榔的叫法不一。贵州省黔东南叫“构榔”或“勾夯”；广西叫“栽岩会议”或“埋岩会议”；湘西大部分地区称“合款”；云南省金平县叫“丛会”或“里社会议”。议榔每隔几年或更长时间，召集一次会议，议定本社内共同关心的重大事项或制定新的榔规。这些榔规就是人们通常说的“习惯法”。议榔制度对维护苗族社区的社会稳定、净化民风民俗都发挥着积极的作用。

议榔活动由榔头主持，榔头由各寨寨老、理老等推举产生。每次议榔首先由各寨寨老或理老商议议榔内容，然后召集民众大会议定，由大会通过，然后宣布生效。榔规一经制定，具有极强的约束力，任何人不得违背。榔头根据“榔规”维持一方社会秩序，包括调解和处理田土和山林所有权的纠纷、婚姻纠纷、偷盗事件、民族内部纠纷、违反禁忌事件、互相残杀事件，并组织人们起来共同对敌、抗击外侮，等等。

现代，在许多苗族社区，议榔的形式依然存在，议榔规约被换上了与现代社会生活相适应的内容，成为政府的行政组织及法律法令的有效补充，在社会生产和维护社会安定方面，起到了非常重要的作用。2009 年 3 月 21 日，贵州省黔东南州榕江县计划乡所在地的加两苗寨举行了最新的一次议榔活动，来自该县计划、八开、定威、兴华、三江、两汪、平江 7 个乡 50 多座苗寨 400 多名苗族男女参加议榔大会，对本社区的经济发展、民风民俗等重大事项进行议事。这是一次议榔制度与现代社会文明的统一结合，也是一次民俗改革的活动。2011 年 9 月 8 日，贵州省黔东南州雷山县大塘乡掌批村周边 4 座苗寨 300 多名苗族民众聚集一堂，举行苗族传统议榔仪式。这次议榔仪式决定废除早婚、早育、近亲结婚等旧习。制定了保护耕地、保护农业生产、保护森林和生态环境、预防火灾、拒绝毒品、尊老爱幼、维护社会治安、传承民族文化等48条内容的村规民约，并将细则发放到村民手中，使苗族古老的议榔制度与高度的现代文明结合起来，受到苗族民众的欢迎和赞许。

理老，也称寨老、乡老或理公，是苗族村寨中的自然领袖，是苗族社区中最有威望的人。理老自然形成，不经选举产生，也不世袭，以其古理学识、文化积蓄、经济能力、协调本领等被社区内的民众信任，在生活中自然形成。理老有一个村寨的理老，苗语也称之为“寨老”或“勾往”，主要调解发生在本村寨内的纠纷；理老有鼓社内的理老，也称为“鼓公”或“娄方”，主要调解管理发生在本鼓社内的纠纷；也有整个苗族社区的理老，称为“勾贾”或“理头”，负责调解发生在本社区内的重大纠纷案件。理老熟悉古理古规，主持公道，办事认真，能言善辩，在人们心目中享有崇高的信誉和威望，对维护苗族社会的生产、生活秩序，起着积极的作用。

第三节 歌舞生百节

一、歌舞的海洋

苗族不仅历史悠久，而且是一个能歌善舞的民族，人们将千里苗疆称为歌舞的海洋。苗族能歌善唱，苗歌有十余种，素以飞歌、情歌、酒歌、祭祀歌等享有盛名。苗族舞蹈以芦笙舞、木鼓舞和板凳舞等著称。苗族乐曲以木鼓、芒筒、芦笙曲子令人叫绝。苗族这些歌、舞、乐的丰富性和多彩性，是苗族文化最重要的符号，也是向世界展示苗族文化的一个良好平台。许多地方政府也正是利用了这些文化因素，以文化搭台，经济唱戏为方向，推动了各地苗族文化活动。正是通过这些活动的举办，

苗乡的经济，苗族地区的旅游，苗族人的生活都在发生着翻天覆地的变化。苗族文化不仅被越来越多的外界所熟知，苗族社区内部也进一步认识到自身文化的价值，对本民族的文化充满了自信。

苗歌主要有飞歌、酒歌、情歌、礼俗歌、祭祀歌、儿歌等。在高山深谷的苗族社区里，森林覆盖着原野；在碧绿的原野上，梯田又与大山连成一片。春夏秋冬，勤劳的苗族人总是在自己的原野上劳作，疲劳之时，或者寂寞之时，他们暂时放下自己手上的活儿，站在田垄上，一曲飞歌就从他们的嘴上飞出来。这种歌声高亢嘹亮，热情奔放，大山将他们的歌声传向远处，歌声久久回荡在山谷里。有时，走在苗族社区的山路上，忽然听见歌声从旷野里传来，粗犷奔放的歌声久久地在原野上飞扬。这种飞歌有时主要是歌唱劳动的歌，他的主要内容是对四季的歌唱，对劳动的歌唱。在寂静的夜色里，那些苗寨安宁地坐落在山腰上，四季的风穿过原野，飒飒地吹过苗寨。此时，一曲曲悠婉的歌声会从木楼人家里传出来，曲调低缓传情。那是苗家小伙与姑娘们在唱情歌。他们以柔美的情歌来表达青春的追求，表达自己对心仪的人的思念和对幸福生活的向往。在酒席上，苗家人则主要以唱酒歌来表达主客之间的互相赞美，之后渐唱渐深，一直把歌唱引入天地起源、人类诞生和久远的历史。人们把这种歌称为古歌。而在许多特殊的场合，比如在婚庆嫁娶或者招龙庆典等典仪上，苗家人则唱着自己的礼俗歌来表达对美好生活的祈愿和祝福。

苗族的舞蹈和音乐丰富多彩。音乐主要有芦笙、芒筒、铜鼓、木鼓、箫琴、唢呐等，舞蹈主要有芦笙舞、木鼓舞、水鼓舞、板凳舞等。苗族音乐既有刚毅、率直、粗狂、豪放的一类，如强劲的木鼓声、奔放的芦笙曲等，也有轻缓、平和、柔美、悠扬的一类，如舒缓的苗箫。而舞蹈则以刚劲奔放为主，但也有轻缓细柔，其风格因苗族支系或社区而定。红绣苗族的热烈奔放，锡绣苗族的细腻悠长，高山苗族的粗犷率性，水边苗族的平静舒畅……锦鸡舞的纤美柔姿，木鼓舞的强劲奔腾，水鼓舞的狂热粗犷，等等。

走向芦笙场的苗族女子

在苗族社区广阔的原野上，在依山傍水的苗家吊脚楼里，在欢乐的苗族芦笙场上，以及各种庆典的场合，苗族都以歌声来表达情意，以舞蹈来展示风姿，他们的美丽和善良、热情和友爱，都能从他们的歌声和舞蹈里寻找到这个民族的乐观的因子、迁徙的疼痛和创造的动力。以歌舞来传达一切，是苗族民众的真实写照。以歌舞来颂美美丽的山川，以歌舞来表达生活的激情、劳动的艰辛、爱情的玄妙，以及历史的沉重和岁月的坎坷。总的来说，以歌舞的海洋来形容广大苗族社区，大体是很贴切的。

二、歌舞托举的节日

节日是对日常生活的一种消解形式，是生活生产中的一些特殊时

间和特殊时刻。每个民族都有属于自己的节日。苗族节日之多是令人称道的。目前，苗族的大本营贵州省黔东南社区，因为苗族节日丰富多彩，被人们称为百节之乡。而这些节日的形式，除了传习的庆典或礼仪之外，它的外在形式，基本上以歌舞来体现，所以，把苗族众多的节日称为被歌舞托举的节日，是恰如其分的。或者说，在苗族社区里，有歌就有舞，有舞就有节，歌舞伴随着苗族社区的各种节日，整个节日以歌舞而生，以歌舞而息。在苗族社区里行走，如果你听到哪里有歌舞生起，那里就一定有节日了。

那么，苗族到底有哪些节日呢?

苗族节日之多，不仅体现于苗族各社区节日的丰富多彩，更体现于不同社区的苗族节日所过的时间不同，还体现在许多节日是你有我无，你无我有，因此，一年四季，苗族社区几乎月月有节，天天有节。以贵州省黔东南为例，从农历正月算起，基本的节日有大年初一（苗族一般称为大节）、正月十五节、二月二敬桥节、二月十五姊妹节、三月祭坟节、三月爬坡节、四月八、五月粽粑节、六月吃新节、八月稻草节、九月九、十月苗年节等。此外，不同社区的苗族还有各种丰富多彩的节日，如贵州西部、中部，云南东南部和四川南部的花山节，贵州都柳江沿岸的苗族种棉节，贵州丹寨的祭尤节，台江的龙船节、吃信节，剑河的过卯节、仰阿莎文化节，榕江、剑河的茅人节，凯里的闹冲节，关岭的砍火星节、跳花节，四川古蔺的赶苗场，叙永的赠带节，重庆秀山的羊马节、赶秋节，湖南吉首、古丈、泸溪和沅陵的跳香节，保靖的挑葱会节，花垣、保靖的樱桃节，甚至许多姓氏、宗族、房族都有自己的节日。苗族地区普遍都有六月六、芦笙节、杀鱼节等节日，但这些节日不同地方过的时间不同，这个地方过的是卯日，另一个地区可能过的是另一个日子。苗族社区一年四季节庆活动此伏彼起，故有“大节三六九，小节天天有”之说。

苗族节日与苗族歌舞密不可分。从正月大年之后，苗族社区以酒与歌舞浸泡着日子，浓浓的年味在苗寨上空飘香。苗族人房族老少，三亲四戚集结在苗寨的芦笙场上载歌载舞，如痴如醉。芦笙吹起来，木鼓敲起来，苗族姑娘便穿上节日盛装，随着芦笙的节奏或木鼓的节拍，欢跳苗族人的传统舞蹈芦笙舞和木鼓舞。苗歌也伴着芦笙曲子或鼓点，在芦笙场和踩鼓场的空中飘荡，从正午一直到美丽的黄昏来临。正月十五之后，春风吹进了苗族人的山野，花儿开始绽放，树们开始抽芽，此时，苗族人才急忙收起他们的芦笙和鼓，开始下地干活，开始酝酿着来年的歌舞。

芦笙场上

在贵州省黔东南苗族社区的大部分苗族支系里，大年初二以后，

苗族青年从自己的苗寨出发，走向四乡八寨游方，寻找姑娘们唱歌。他们穿上母亲用双手缝制的苗家新衣，包上好看的头帕，撑着红色纸伞，走在苗乡的旷野上，走向一座座苗寨。他们用青春的热血放歌："美丽的姑娘们，你们在不在家？我们是来自远方的青年，请求你们出来唱歌。"姑娘从歌声中可以听出青年来自某寨，或许有自己的意中之人，于是个个梳妆打扮，走向村口与来自远方的青年对歌。入夜时分，小伙姑娘又会在苗寨上对歌，通宵达旦。而年迈的苗族老人，节日期间，他们总是泡在浓浓的米酒里。他们以酒相敬，以歌相赠。酒从秋日的稻香流来，歌声从远古的传说唱起，酒和歌声在苗族社区里酿出了一个又一个熟透的冬天。

即使是最隆重的祭祖节，苗族人也要吹笙击鼓，在神圣的祭祖仪式之后，欢乐的芦笙曲子和响亮的鼓声总能让苗乡沸腾，苗族人围着自己的芦笙和木鼓载歌载舞，让所有的艰辛和幸福在节日里歌唱和舞蹈。

三、春去冬来过苗年

苗年是苗族最隆重的传统节日之一。苗年每年一次，节期通常为一至三天。各地苗族过苗年的时间不甚统一，但一般都在秋收以后，入冬之时。贵州黔东南和广西大苗山等地，苗年定于农历九月、十月或十一月的卯日或丑日，但每年的具体过苗年时间又因当年而定。广西南丹中堡苗族则于六月三十过苗年，融水苗族则选择在农历十一月三十或十二月初一过苗年，有的则在农历十一月第一个或第二个卯日过苗年，逢闰年则在农历十一月初一过苗年。

苗年前夕，各家净扫庭院，缝制新衣，添置新的生活日用品。各户普遍杀鸡、鸭、买肉、酿酒、做糯米糍粑。在苗族人传统的理念上，一年只有热、冷两个季节，二者交替的农历十月，既是热季的结束、冷季的开始，也是旧年的结束，新年的开始。有的苗族社区苗年过得特别隆重庄严，节日那天，家人要团聚，晚上要守岁，鸡啼时即放鞭炮报年。过去，有些苗族社区，苗年还有“吃同年”风俗。“吃同年”是苗年期间人与人或寨与寨之间互请吃饭喝酒的交往习俗，伴随“吃同年”的还有跳芦笙舞、木鼓舞、斗牛、斗马、斗鸡、斗鸟、射击、对歌等丰富的文娱活动。苗寨与苗寨之间，吹着芦笙，敲着木鼓互访，热闹非凡。有的苗族社区则要履行祭祖典仪，由长辈在家里主持祭祖。年后，男子便上邻居家拜年，祝贺新年快乐吉祥，挑着酒、肉、糯米粑等走亲访友，或者在家忙于接待来宾。过年期间，各村各寨吹着芦笙，敲着木鼓，欢跳芦笙舞和木鼓舞，苗族小伙子互相走村串寨去游方，男女互对情歌，倾吐爱慕之情。走进苗族社区，过一次苗年，你就会感觉到四周弥漫着浓浓的苗族千百年来农耕文明发展的气息，这种气息让人心荡神摇，久久不能忘怀。

苗族之所以过苗年，众说不一。在湘西苗族社区，传说苗族的先祖蚩尤与炎帝大战于涿鹿之野，部队出征时已临近年关，蚩尤下令苗民提前过年，于是相沿成习，称苗历年。而在贵州黔东南的一些苗族社区则传说，苗族战败了，部落头领带着族人从东向西迁徙，到了过年时间了，落居下来的族人就在新的安身之地过年，没有落居的族人继续迁徙寻找新的家园，等到他们落居下来时，年已过了，他们只有推迟了过年的时间。因此，过苗年的时间才有今天的先后之分。

近年来，贵州雷山的苗年过得越来越隆重，已被世人所瞩目。雷山位于贵州省中部，背倚着苗岭主峰雷公山，是苗族聚居区，苗族人口占全县人口的83.6％，在那里，可以领略到苗年最为隆重、盛大的庆祝仪式。中国民族博物馆、贵州省旅游局、黔东南州人民政府共同在雷山主办了“2009中国·雷山苗年”，张扬着“同过雷山苗年，同游天下西江”的主题，来自四面八方的宾朋在雷山度过了欢

乐的苗年。苗年期间，开展了盛大的游行展演、大型原生态歌舞表演和联欢晚会，以及民间歌舞、器乐、斗牛、斗鸟、斗猪比赛活动。此后，苗年节越过越红火，令来自各地的宾朋沉浸在欢乐的苗年中，流连忘返。

过年打糍粑

四、凯里甘囊香芦笙节

甘囊香是地名，苗语音译，意为河流的下方，鬼神聚会之地。位于贵州省黔东南州凯里市舟溪镇境内，在苗岭山脉养农坡和牛角坡之间，群山环抱、依山傍水，奇石怪崖鳞次栉比，在峰峦叠嶂中，苗寨错落有致，肥沃的农田层层叠叠，清澈的再约河和青山河在崇山峻岭中川流不息。

在苗族古歌里，人间的亡灵从甘囊香出发，沿着河流往东方走，才能进入天堂。而保佑苗族子民的先祖神灵在人间喜庆之时也会下到凡间，然后顺流而下来到甘囊香会聚一堂，参与人间的喜庆活动。因此，每逢过年过节，当地苗族民众都要在甘囊香举行祭神拜天仪式。甘囊香既是苗族传说中人通向神国之地，也是众神皈依之所，是一个融汇了苗族人对生与死、阴与阳、现实与憧憬的朴素哲学的精神圣地，具有其神秘的地域特色。

苗族老人在凯里甘囊香芦笙节上吹奏芦笙

甘囊香更因为凝聚了苗族芦笙精魂而神奇。芦笙是苗族人最喜爱的乐器，芦笙舞更能展示苗族人的风姿。而在甘囊香，苗族芦笙找到了展示自己独特风采的大舞台。每逢大年之后，苗族民众都要在那里举办隆重的芦笙盛会祭拜神灵。人们可以在甘囊香看到规模最大的芦笙会，听到世界上最大的芦笙浑厚洪亮的奏响，感受到芦笙在苗族民众心中巨大的凝聚力和感召力。在古朴的芦笙会起堂仪式上，吴氏寨老们焚香烧纸，杀猪宰牛，以隆重的仪式祭天、祭地、祭祖宗、祭神灵，最后才庄重地请出笙魂入堂。甘囊香给予了芦笙最高的礼遇，造就了苗族芦笙精魂的神地。

甘囊香芦笙盛会是怎样形成的呢？①

① 贵州万村千乡网，http：//www. gzjcdj. gov. cn/wcqx/detailnew. jsp？ id=222313。

相传，古时候，舟溪有一个名叫阿旺的苗族姑娘，聪明能干，心灵手巧。贪婪残忍的野鸡精对阿旺垂涎已久，妄图把她占为己有。它变换着各种身份来求亲，聪明的阿旺一眼就看穿了它的虚情假意，坚决不答应。野鸡精恼羞成怒。一天傍晚，野鸡精兴起一阵妖风，趁人们忙乱之际，它张开魔爪抢走了阿旺姑娘。

野鸡精的暴行，激起了乡亲们的义愤，大家打起火把，将野鸡精团团围住，决心打死野鸡精，救出阿旺。可是，野鸡精毕竟是妖怪，身怀魔法，除了咽喉之外，全身刀枪不入。正当此时，来了一位名叫茂沙的苗族青年猎手。茂沙是个大力士、神箭手，双手能举万斤，射箭能百步穿杨，当他听到野鸡精的暴行后，立即骑上骏马，与野鸡精展开了殊死的搏斗。野鸡精斗不过茂沙，想逃走，茂沙眼疾手快，一箭射去，正中野鸡精的咽喉。

救出阿旺后，茂沙从野鸡精身上拔下三根野鸡毛送给阿旺，便跨上骏马，告辞而去了。茂沙的豪爽英武，深深打动了阿旺的心，爱慕之情油然而生。阿旺把心事告诉了父亲，父亲也非常赞成。可是，茂沙游猎四乡，漂泊不定，现在又到哪儿去找他呢?

阿旺思念茂沙，茶饭不思，一天天消瘦下去。老父亲很着急，左思右想，终于想出了寻找茂沙的好办法。老爹从后山砍来翠竹，做成一支支芦笙，请乡亲们四处传递消息：农历正月十五至二十到舟溪来跳芦笙舞。

那天，成千上万的苗族同胞，吹起芦笙，载歌载舞来舟溪参加芦笙会。茂沙也赶来了。阿旺很快就发现了他，老父亲把做得最好的芦笙送给了他，阿旺亲手在芦笙上插三根野鸡精毛，把自己织的花带系在芦笙上，大大方方地表达了自己的爱情。茂沙也很爱阿旺，当即取下银手镯，高高兴兴地戴在阿旺手上。一对有情人在乡亲们的欢呼声中定了亲。从此，甘囊香芦笙会相沿成习。

如今，甘囊香芦笙会已经成了国际性的芦笙节。从 2008 年起，在政府的主导下，民间积极参与，一年一度的芦笙节在凯里举行。一个本来是民间的芦笙会办成了一个国际性的节日，引起世人瞩目。2011年2月20至22日，在“2011中国·凯里甘囊香国际芦笙会”上，来自四川、广西、贵州等全国各地的38支芦笙队同台献艺，共同展示了苗族芦笙艺术。苗族芦笙舞在甘囊香大放异彩，人们被这一苗族盛会深深地吸引。甘囊香国际芦笙节真正打造成了一个独具特色的民族节日，也成了一个让游客流连忘返的旅游盛会。

五、剑河：从六月六到仰阿莎文化节

1996年，中国作家协会主办的文学期刊《民族文学》第8期发表一篇题为《地楼》的散文，文中写道：“地楼，在黔东南腹地里是十分常见的。要是时间倒转30年，你清早从黔东南州府凯里出发，就可以乘一叶扁舟在清水江上顺水漂流，第二天傍黑时分，便可停泊在一座小小的县城的码头里。那座小城叫剑河，刚好坐落在黔东南的腹地里，境内散居着一种称为苗族的山民，这种山民占全县总人口的56%以上。”这种对苗疆腹地剑河的描述十分形象。剑河是清水江流域里的一个苗族聚居县，全县国土面积2176平方公里，辖5镇7乡，308个行政村。清雍正以前，剑河实际上是一座苗寨。清雍正十二年始设清江镇，到民国三年才改称剑河。2001年以后，因清水江三板溪水电站建设，剑河县城整体被回水淹没，剑河需搬迁至革东新建，贵州省人民政府把台江县的革东镇划为剑河县管辖，苗族人口从占全县人口56%上升到63%以上。2007年，剑河为庆祝举城搬迁欢度六月六，从此，剑河县的仰阿莎文化节应运而生了。

从六月六到仰阿莎文化节，也是一个漫长的演变过程。在湘西凤凰和贵州松桃等苗族社区里，每年都有赶歌节的习俗。而在贵州省剑河县，六月六是一个包括苗族在内的共同民族节日。过去，剑河六月

六是一个祈雨的节日，人们在节日中进行对歌，相袭成为赶歌节。后来，人们在歌节中通过对歌寻找自己的心上人。六月六演变成了歌节。赶节的人来自四面八方，有相识的，有互不相识的，在节日期间，人们会聚在一起对歌几天几夜。

1985 年，农历六月初六，位居中国首位世界第三的同类桥梁剑河大桥通车典礼，来自苗族在内的 3 万多各地各族民众参加这一盛世典礼，为庆祝大桥的诞生，剑河县利用民间的六月六赶歌节之机，举办了一次盛大的对歌比赛，从此，每年农历六月初六，剑河县城满城空巷去听歌。2007 年，剑河县城因清水江三板溪水电站淹没，举城搬迁至革东镇重建，为了庆祝盛世迁城之举，剑河又借六月六之机，结合清水江流域的苗族文化元素，举办了盛大的“中国贵州·剑河仰阿莎文化节”。

中国·贵州剑河仰阿莎文化节大型苗族木鼓舞

剑河县有人口 25 万，其中苗族占 63%以上。苗族神话叙事长诗《仰阿莎》，就流传在以剑河县为中心，包括凯里、台江、施秉、黄平等清水江流域的苗族社区里。仰阿莎，是苗族叙事长诗《仰阿莎》里的一个美女形象，她是天和地孕育的女儿，从水中诞生，先嫁给太阳，后因太阳薄情贪财，改嫁为月亮之妻，从此，发生了一场震惊天地的婚姻大案。最后，苗族理老出来断案，判仰阿莎为月亮之妻，月亮赔偿太阳三船金三船银和一半江山。现在，《仰阿莎》这首叙事长诗在剑河苗族社区里仍广为流传，剑河县岑松镇稿旁村阶九寨的歌师罗发富，就能够从头到尾把这首叙事长诗全部诵唱，并录制有长达 20 余小时的 8 张光碟。仰阿莎文化在剑河苗族社区里影响深远，因此，中国贵州·剑河仰阿莎文化节就在此背景之下举办了。从 2007 年至今，中国贵州·剑河仰阿莎文化节已经成功举办了六届，在节日期间，来自全县以苗族为主的各族民众载歌载舞，充分展示了剑河苗族服饰文化、芦笙文化、水鼓舞文化、斗牛文化、饮食文化和古歌文化等，这一节日对弘扬和传播苗族文化起了积极的作用，沸腾的剑河，引起全国各地的苗学人士和旅游观光者的关注，也深受广大苗族民众的喜爱和高度赞誉。

六、台江：舞龙嘘花度元宵

在苗族民间，没有元宵节的概念。苗族民间，把元宵节叫做正月十五节，即过年尾节，意思是过年大节到此已经结束，之后的日子就是赶着春天开始耕犁了。在贵州省台江县，苗族把这个节日称为嘘龙节或烧龙节。在苗族社区里，这个节日都过得很隆重，节日那天，村村寨寨或吹芦笙或敲木鼓，欢跳芦笙舞和木鼓舞，歌声也会在苗寨上空回荡不绝。而在苗疆腹地台江，则以“舞龙嘘花”来庆祝这个节日。

舞龙嘘花，是台江县苗族同胞闹元宵的一项民间传统活动，据说已经有两百多年的历史。每逢春节，耍火龙闹元宵已成为台江县最隆重的民间文化狂欢活动，因其场面惊险、刺激、火爆，有人称之为

“勇敢者的狂欢之夜”，也有人称之为“世界上最疯狂的舞龙”。每于正月十五之夜，台江县城内锣鼓喧天，各地的龙灯汇聚于此，数万人的队伍和龙灯交织成一场狂欢者的盛会。这一独特的民间节日活动，不仅深受苗族民众的喜爱，也受到众多游人的赞赏。2011年，农历正月十五，中央电视台曾亲临台江，对苗族正月十五节舞龙嘘花活动做过现场直播。现在，随意在网页上打开“舞龙嘘花”的字样，都可以搜索到无数条关于台江苗族民众欢度这一节日的情景，以文字、图片、视频等多种形式，对台江舞龙嘘花进行介绍。《走进苗疆腹地台江》[①]一书，对台江县苗族舞龙嘘花度元宵，就有形象地描述。正月十六，人们把嘘花烧烂的龙修复一新鸣锣打鼓回到本寨，并走进各家各户，然后用香纸和酒肉祭祀土地神、菩萨和水井神。正月十七，敲锣打鼓扛龙到河边烧香烧纸，用酒肉敬河神后，放火化龙，在鞭炮声中欢送：龙王归大海，来年再相会。保五谷丰登，保人畜兴旺……

节日之前，苗族民众就开始为舞龙嘘花做准备了。其准备工作主要是制作嘘花筒。制作舞龙嘘花筒并不是很复杂的工序，在长十多厘米的竹筒或掏空树心的棕树筒的中间打一个孔，插入引信，用一团纸屑或棉布堵住小孔，然后从竹筒或棕树筒的另一端注上火药，用一根木棒或铁棒捣实，再上一层黄泥巴打底，夯实就行了[①]。制作嘘花筒的关键是火药的配制，用铁砂、炭末、硫磺、硭硝、硝酸铵等物品按一定比例精心配制做成。在台江，会制作舞龙嘘花筒的人很多，除了做来在元宵之夜自己嘘龙之外，专门做来出售的就有几十家。邻近的苗族社区，每逢节庆耍龙时，有的也来这里采购。如此看来，舞龙嘘花成为一种深受当地苗族民众喜爱的活动。

据说，台江苗族舞龙嘘花从清代开始。舞龙并不是苗族传统活动。清朝开辟苗疆后，汉族商人带来了舞龙这一文化娱乐活动，这一活动

---

① 邰磊著：《走进苗疆腹地台江》，贵州民族出版社，2010年版。

一进苗疆，就受当地苗族民众所喜爱，后来，当地苗族民众效仿汉族扎龙、舞龙时，又加进了嘘花的内容，形成了独具风格、惊心火爆的舞龙嘘花。

为什么要舞龙嘘花呢？传说，龙是上天的雨神，专管腾云驾雾、呼风唤雨等事宜，过去，天上降雨时很不规律，想降就降，想停就停，有时一年四季都不降雨，人间受尽了旱灾的疾苦。后来，有人想办法把龙捉住了，用火来焚烧龙，龙才答应按季节给人间普降甘雨。从此，舞龙嘘花沿袭至今，成为台江正月十五嘘龙节。

七、独具特色的姊妹节

居住在贵州黔东南清水江流域的剑河、台江、施秉一带的苗族，有一个隆重的节日——姊妹节。这是清水江流域苗族社区千百年来的传统节日。该节日以苗族女子为组织者和策划者，以邀约情人一起游方对歌、吃姊妹饭、跳芦笙舞和木鼓舞、互送信物、立定婚约等为主要内容。因节日贯穿着团圆、友谊、爱情这一主题，因而有人称之为“古老的东方情人节”。如今，苗族姊妹节已列为国家级非物质文化遗产名录，① 并被列为国家旅游局推介的中国华夏城乡游 23 个重大少数民族节日之一②。

姊妹节的时间，不同苗寨各不相同。剑河柳富，定于农历二月第一个亥日，剑河温泉、革东一带，定于每年农历二月十五至十七，台江施洞、老屯一带，定于农历三月十三至十七，剑河久仰、巫交，台江反排一带，定于农历四月十六左右。姊妹节之前，苗族女子呼朋做伴，高高兴兴地提着竹篮上山采撷五颜六色的野菜、野花，正如《诗经》里写的那样：“采采芣苡，薄言采之。采采芣苡，薄言有之。”采

① 杨村、文玉深主编：《乡土剑河》，贵州人民出版社，2008 年版。

② 郃磊著：《走进苗疆腹地台江》，贵州人民出版社，2010 年版。

集到姊妹们喜爱的物品之后，将其捣碎后过滤出汁液，再把糯米倒入汁液中浸泡一夜，第二天把浸过汁液的糯米蒸熟，做成色彩斑斓的姊妹饭，邀请苗家小伙子前来共同食用。苗族姑娘从山上采摘回来的野花野菜各有其象征意义，松针表示针线，树钩表示雨伞，棉花表示思念，香椿表示爱情……小伙们吃了姑娘们的姊妹饭后，带回姑娘们赠送的姊妹饭，要择日回访姑娘们，针对姑娘们在姊妹饭里夹带有象征意义的物品进行馈赠。苗族姑娘的姊妹饭就像一封封情书，紧紧地叩击着苗族青年的心坎，许多美满的姻缘，就在姊妹节的来往中完成。

经过漫长的演变，现在，姊妹节的内容和形式得到不断丰富。已

“姊妹节”上姊妹饭

婚男女以饮酒作乐、踩鼓对歌交流感情为目的，过程非常简单，一般是一座苗寨或一个房族邀请另一座苗寨或另一个房族到寨里来喝酒，吃姊妹饭，到第二年，被邀请的苗寨或房族要做东回请。过姊妹节时，一般都要杀猪宰牛，将饭菜做好后，在苗寨的空坝上摆几排长桌席，

场面热闹壮观。酒到酣时，人们穿着节日盛装欢聚芦笙场上跳起芦笙舞和木鼓舞，并互对苗族古歌——姊妹节歌。

姊妹节的由来有多种版本。其中剑河革东苗族姊妹节是这样相传的。古代，苗族的先民们住在江西一带，因受不了自然灾害和连年战乱，长途跋涉迁徙到清水江一带，开荒垦地，从此安顿下来。有一年春天，有一对在迁徙途中失散的姊妹前来清水江的苗族部落里认亲，部落首领非常同情这对姊妹，并被她们持之以恒的寻亲精神所感动，决定款待这对姊妹。由于当时生产不发达，没有什么好吃的，于是叫族人下河捞虾，用花叶汁把糯米染成五颜六色，煮给这对姊妹吃，这便是“姊妹饭”。这一天是农历二月十五，后来苗家人为纪念先民迁徙的艰辛和庆贺离散的人们重新团聚，于每年农历二月十五蒸煮五颜六色的“姊妹饭”，久而久之，农历二月十五便成为革东苗族姊妹节。

八、沸腾的龙船节

在云贵高原的东端，有一条叫苗岭的著名山脉。苗岭山脉绵延千里，沟壑纵横。发源于苗岭斗篷山区的清水江就奔腾在这块土地上，滋润着那里的山野和人们。长途迁徙而来苗族就落居在清水江流域，在这片高天厚土里吸取山的营养和水的灵气而繁衍生息，创造了自己灿烂的文化。龙船节就是这个族群在长期与自然和谐相处中，刻录下的一个美丽符号。

龙船节，在很多苗族社区里都盛行。贵州黔东南的施秉、台江、剑河、黄平，贵州铜仁的松桃等都有隆重的龙船节。在海南省苗族社区里，也有龙船节的传说。最具代表性的，应该是清水江苗族龙船节。清水江苗族龙船节是台江、施秉两县交界的清水江沿岸苗族的划龙船盛会，举行时间于每年农历五月二十五前后。龙船节分为两个独立的活动区域，共有40余寨，近4000户，直接参与活动者约两万人。旧时龙船数有56只之多，现能使用的尚有47只。清水江龙船节因以台江县施洞为中心，故人们习惯上又称为施洞龙船节[①]。过去，剑河的五河、乃寿、也拢、南埃，施秉的胜秉，黄平的料洞、旧州和长滩，都有龙船节习俗。但因各种原由，这些地方的龙船节已经终止。现在，龙船节在贵州黔东南清水江中游一带和松桃等地苗族社区仍然盛行，尤以清水江流域的苗族龙船节规模最大，最有特色。

施洞苗族独木龙舟赛

清水江属于长江水系，是贵州省境内的第二大河流，发源于都匀斗篷山区，流经黔东南全境，注入湖南而称为沅江，东起贵州都匀，西迄湖南黔阳，全长508公里。清水江从斗篷山上奔腾而来，在凯里湾水镇的岔河口纳入从安江之后，向东奔流，继而纳入了巴拉河、南哨河、小江、亮江，而后流入湖南，注入洞庭湖。在施秉、台江两县境内，清水江水流较为平缓，河床宽阔，两岸森林密布，风光秀美。

---

① 田军著：《清水江苗族龙船节来源的传说辨析》，《贵州民族研究》，1996年第2期。

每年农历五月二十四，当地有过龙船节的习俗。节日从施秉县的平寨开始，经龙塘、榕山到台江县的施洞结束，历时四天。活动除赛龙船外，还有斗牛、赛马、踩鼓、跳芦笙舞、游方对歌等。龙船由三只独木船组成，母船长达 20 米，母船两边各附一子船，长 10 余米。船头上是水柳雕刻的龙头，并刻有风调雨顺等字样，龙角呈水牛角状。每只龙船都有鼓头、锣手和水手。鼓头为组织者兼指挥者，站在龙颈处，以鼓点来指挥龙船行进。鼓头一般由有威望的长者担任，全寨民主选举产生，一年一换。击鼓手由一名 10 来岁的男扮女装独生子担任，坐在龙颈和龙船的连接处，主要是配合鼓点，渲染气氛；水手由 38 名身强力壮的男青年担任，一律身着藏青色对襟短衫和阴丹士林布长裤，头戴小斗笠，手持 5 尺长桨，分别站在母船和子船上。当铳炮发出比赛的号令后，江面上的龙船同时竞发，随着急促的鼓点，顺江而下；江岸上锣鼓喧天，炮声隆隆，观众呐喊助威声响彻云天，将节日的欢乐气氛推向高潮。

据说，清水江龙船节至少已有 500 年的历史。《镇远府志》有记载："清江苗人于五月二十五日作龙舟戏，形制诡异，以大树挖槽为舟，两树并合而成。舟极长，约四五丈，可载三四十人，皆站立划桨，险极。""重安江由胜秉入清江，苗人于五月二十五日亦作龙舟戏。"① 可见，清水江龙船节的历史十分悠久。在当地苗族民间，龙船节的来源有很多传说。其中有一传说是这样流传的，有父子二人在江中打鱼，儿子被龙王抓去做了枕头，父亲一怒之下放火烧龙宫，将龙砍成几段，浮尸江中。大家拣龙肉分吃。可是，人们吃了龙肉以后，天一直漆黑一团，分不清昼夜。有一天，一位妇女带着小孩来到江边洗衣，孩子用棒槌拍打江水，并咚咚不停地模仿击鼓声，不久天就亮了。后来，沿江两岸的附近苗民都过龙船节，敲着鼓点赛龙船。

---

① 引自清乾隆年间《镇远府志》。

九、关于四月八的传说[①]

四月八是苗族的一个重大节日。贵州的贵阳、都匀、惠水、龙里、关岭、麻江、黄平、松桃、平坝，湖南的凤凰、花垣等地，都有过四月八的风俗。贵州都匀苗族还把四月八称为苗年。每年农历四月八这天，生活在北京的苗族人都举行盛大的集会，欢度苗族四月八这个节日。因节日的广泛性和影响力，2011 年入选为第三批国家级非物质文化遗产名录。每年四月八这天，以上的苗族社区都会举行盛大的跳芦笙舞、对歌、荡秋千、上刀梯、玩龙灯、耍狮子等各种隆重的活动。有人统计，每年的四月八这天，参加节日的人数多达 20 万以上。四月八这个节日因地区跨度很大，因而节日的内容也各有差别。在各地的四月八节中，规模最宏大，场面最热烈，影响最广泛和深远，是贵阳市的苗族四月八节庆活动。

每年农历四月初八这天，贵阳市及邻县的苗族民众都要身着民族盛装，云集贵阳市中心喷水池一带。他们吹响芦笙、箫笛，唱着苗歌，跳着苗家舞蹈，欢度自己的传统节日。贵阳苗族四月八参与人数众多，节日内容丰富，热闹非凡。湖南凤凰苗族过四月八节也很隆重热烈。为增加这一节日的气氛，进一步传承苗族民间文化，2009 年，湖南省苗学会、湘西土家族苗族自治州民委、凤凰县政府主办了凤凰苗族“四月八”节日活动。数千名来自全县的苗族男女青年，身着不同地域、不同历史朝代的苗族盛装，分成 22 支队伍参加民族活动展演，并邀请全国 20 个户外俱乐部组队参加苗族的大型对歌、赶边边场、跳花跳月活动，又一次展示苗族四月八这一活动的内涵和魅力。贵州平坝一带的苗族四月八节，也过得很有特色。这一天，苗族每户人家都要

---

① 山里江南·平坝网，http：//www. pingba. gov. cn/Item. aspx? id=9771。

杀鸡宰鸭磨豆腐打糍粑，拿出窖藏的美酒，孩子们穿上新衣服，美美地庆贺节日。所有人都要放下农活来过节日，牛也不让下田耕作，喂牛吃糯米饭、黄豆面、嫩青草。这一天，苗家人要吃八顿饭，喝八顿酒，孩子们还要带糯米饭、腊肉、红蛋等香美的食品到寨外的桥边、坡上去吃，人们要和和睦睦欢欢喜喜，不许哪户人家争吵打骂，不许孩子们吵闹哭啼，平时有矛盾的人，这一天也要在一起吃饭、喝酒，在欢乐的节日气氛中和好言欢。

苗族四月八的由来，有一个悲壮的传说。

很久很久以前，贵阳叫黑洋大箐，苗家称格洛格桑，是一片美丽肥沃的土地。苗族头领觉洛央鲁带着苗家人来到这里，发现这里土肥水美，是种庄稼过日子的好地方，就在这里定居下来。苗家人在格洛格桑日子越过越好。

有一年，觉洛央鲁的妻子用谷穗编成蓑衣披在身上，拿米穗串成斗笠戴在头上，到河都雾①去串寨。河都雾的人看见了，个个啧啧夸赞，说格洛格桑真是个肥沃的好地方。可河都雾的头人看到格洛格桑田坝宽广，土地肥沃，庄稼茂盛，家家富足，越看越眼红，一心想抢占格洛格桑，就回去带领人马，扛着梭镖弓弩来攻打格洛格桑。经过多次较量，河都雾部落都打不过觉洛央鲁。后来，河都雾要了奸计，一箭射中了觉洛央鲁，觉洛央鲁滚下马来死了，这一天正是四月初八。

过了九年，苗家又出了个能干的后生，名叫祖德龙。祖德龙个头高大，力气过人，两条牯牛顶架，他可以拉着它们的犄角，把它们分开。祖德龙经过多年磨炼，学得了一身好武艺。一天，他和寨老们商量收复格洛格桑的办法。四月初七这天，祖德龙带着族人攻打河都雾。可没料到，自己的部下因饮酒失事，被乱箭射死了。祖德龙率族人抬着部下的尸首撤退时，他自己也连中了三箭。他咬着牙，拉满弓，射

① 河都雾，地名，应当是一个小部落的居住地。

出最后一箭，射中了河都雾头人的左眼。祖德龙射出那一箭后，自己就战死在那里。那天，也正是四月初八。

祖德龙死后没有倒地，瞪着两只炯炯有神的眼睛，威武地站在大路中央，就像一尊雕像。河都雾的头人看到祖德龙那威武的神态，不敢挨拢过去，只是远远地放箭。放了三天三夜，箭矢钉满了祖德龙的臂膀和胸膛。祖德龙还是挺立不动，一直站了三年。后来蚂蚁蛀空了他的身躯，他才倒卧在地上。

在漫长的日子里，苗家人想念故乡格洛格桑，想念祖先觉洛央鲁和大英雄祖德龙，每逢四月初八，后生、姑娘们就穿着盛装，背着芦笙，带着糯米饭、酒肉和其他香美的食品，成群结队，来到两位英雄战死的地方，唱歌跳舞，凭吊英雄。久而久之，四月八就成了苗族盛大的节日。据说，格洛格桑就是现在贵阳市喷水池的附近一带。

十、敬桥节的由来

敬桥节是苗族的传统节日，时间为农历每年二月初二。敬桥节主要流行于贵州省黔东南苗族社区，以三穗、剑河、台江、雷山、施秉、凯里等县市为盛行。在三穗县台烈镇寨头村，每年二月二敬桥节都过得特别热闹。寨头苗寨把二月二称为晾桥节。

那么，敬桥节是怎样来的呢?

贵州省三穗县台烈镇寨头村是这样说的。相传寨头人原住在一个叫也雾山的地方。因寨头土地肥沃，全寨人一起搬进寨头。搬家那天，龙也要跟着搬，但石屏河水挡住了龙的去路，于是寨里的长老们商议，决定架桥把龙接来，因龙象征吉祥幸福。全寨 12 房族都要接，所以这座桥就修了 12 个桥墩。桥修好了起名为“接龙桥”，桥是农历二月初二造的，为了纪念这个日子，每年这一天寨头苗家 12 房族各抬一头猪，在桥上宰杀，以示祭桥。现在，在台烈镇寨头村后山上建有接龙桥牌坊一座。

而在黔东南其他苗族社区则有另外的传说。剑河县柳川镇巫泥村和展丰村一带，说是古时候有一对老夫妻，因为不能生孩子，两位老人郁郁不乐。一天，两个老人做了一个梦，梦见龙王对他们说，他们之所以一直没生孩子，是因为南法溪①把孩子阻隔了，孩子过不来，如果在溪上架一座桥，来年定会生个小宝宝。第二天，两位老人提着公鸡，煮好鸭蛋，带着棉条香纸，来到南法溪架了一座新桥。第二年，他们果然生下一子。架桥那天，正好是农历二月初二。后来人们为了多子多孙，吉祥如意，一到二月初二这天，都要去架桥祭桥。二月二敬桥节就这样相袭成俗了。

苗族敬桥

以上两则故事都表明，苗族敬桥节，实际上就是祈子节。这一节日渗透着苗族的生育文化，与苗族的生殖崇拜一脉相承。

十一、招龙——虔诚的祈祷

招龙，也叫引龙，是苗族一种节日性活动。招龙，流行于贵州省

① 南法溪，地名，在贵州省河县柳川镇巫泥村境内。

黔东南苗族社区。凡遇灾害或办事不顺，苗族人认为是龙跑了，龙脉坏了，就要引龙。招龙活动，也是苗族尊重自然、崇敬自然的一种心理表现和文化表现。

招龙规模有大有小，大到举寨进行，小到一户进行。苗族把龙分为天龙、地龙、风龙、火龙、牛龙、蛇龙、水龙等。引龙则用牛、羊、鹅、白公鸡、鱼、酒、米饭等。

举寨招龙是最隆重的招龙活动，其仪式和过程庄严而趣味横生。首先择定招龙的日子，一般于农历正月、二月或三月的辰日，其次备办祭品。到了招龙的时辰，全寨14岁以上的男人被编为若干组，分别带着祭品、芦笙、锣鼓于子时登山，到卯时开始举行活动。主峰祭物为水牯牛一头、白公鸡一只，其他山峰为羊或鹅等。

招龙开始，祭师口念招龙词，并用祭品举行仪式。祭师又念三遍招龙词，鸣锣鼓三下，才收拾祭物，一路吹着芦笙，敲着鼓，牵牛下山。各山峰的人先后下山，并挖下一些土带回寨子附近的祭龙坪。祭师向大家祝福，互敬牛角酒。这时，各家妇女已把自家织的一匹新布铺在祭龙坪上，布上洒一些米粒，祭师又念招龙词，并令人牵牛踩布，然后高呼：“龙到家家来，龙踩家家布，家家发贵又发福！”又问大家：“是不是?”众人回答：“是!”又问：“龙到各家各户没有?”众答：“到了!”

牛牵出祭龙坪后，各家妇女才卷起自己的布匹回家，放在箱子里，三天之后再将布匹上的米粒取出来掺和粮食、饲料，供人畜食用，以消灾灭难。

妇女卷走布匹后，男人再次将牛牵入祭龙坪，用撑杆将牛头向东方擎起，另一人执大刀。等太阳从东方升起时，突然向牛鼻眼喷一口酒，迅速举刀朝牛颈砍下，牛倒地而死。与此同时，在羊龙坪杀羊，在鹅龙坪杀鹅。之后，留一些牛血、牛肉、牛肠肚和羊、鹅肉在祭坪里煮熟祭龙，其余均分给各户。

祭物煮熟后，摆在一张长桌上，焚烧香纸，由祭师祭祀，每念一次招龙词，别人便向地上洒一次酒。祭师举酒向鼓主祝贺，并与在场的人同饮三杯酒，招龙就告结束。接着男女老幼欢跳芦笙舞或木鼓舞。晚上，家家摆“龙席”宴宾客。宾客向主人献贺礼。

以下是一篇关于苗族招龙的散文，对苗族招龙有生动的描述。

夜晚的花朵①

我想象雪莲盛开的模样，定然是一片晶莹的洁白。而腊梅怒放的姿态，一定是春天的颜色。或者有谁把春天的太阳安放到了冬天的山冈上，站在雪地里，我们能够感觉到春天的温度？

那年冬天，经过了最黑的一夜之后的村庄，在自己的山冈上制造了一些盛放的鲜花。

黑夜里，三弟牵着孩子的手，默默地一路向山野抛洒米花。他们追随着村庄的队伍走向山冈。在所有的冬眠者醒来之前，唤醒村庄的龙神，招回村庄的龙。所有灾难的根，就在今晚的神道祭祀中殒灭。神护佑的村庄，从此五谷丰收，六畜旺盛。

如果在平常，夜色是凝固的蓝。而今晚，夜垂下的幕特别庄严。风从幕的底色里扫过，厚重的色道印着吉祥的图案。飞翔的星星，像流萤抛洒的礼花，弥漫夜空。唯有最高的圣峰巍然而立，现在，村庄上的人向圣峰移动。缓缓的队伍踏着夜色，没有谁像平时那样草率狂妄，只有一路的米粒洒向四野，听见冬眠的树林被米粒敲击出雨点的声响。

我坚信自己那个贵州深处的故乡，对于神灵和祖先的虔

---

① 《林中泉》，2011年第1期。

信与敬畏的固执。

我也坚信故乡的人们，他们像山冈一样的刚毅和自尊！

看见圣峰上的篝火燃烧时，夜色就踏着良辰吉时的点子。招龙师神秘的念词，一堆艰涩的咒语，让他唱成了一首美妙的吉歌。此时，风停止了所有的笛音，沉默的大地上，只有我的故乡的山冈舞动起罕见的节目。火光冲天，鞭炮鸣响，笙乐悠扬，顺着长长的山脉，就是顺着一条祖先的道路，开辟，舞蹈，鲜花盛开出一条完美的巨龙，天亮一秒秒逼近大地。

村庄一夜没睡。他们看见那支神秘的队伍穿过一片片坟地，就是穿过他们祖先的家园。那些赤着脚的人们，那些戴着斗笠的人们，那些跟着牛和扛着犁耙的人们，捧着泥土和水的人们，凝望着天空的人们，拖儿带女的人们，吹笙跳舞的人们……他们都藏在那些盛开的花朵里。一场预备已久的盛宴，就是等待着那些在冬夜里盛放的花朵，等待着他们络绎而来。因为他们已经与大地和时空联结在一起，与过去和未来联结在一起，如同诗歌一样前后连贯，声韵铿锵。

春节过后，村庄开始看见了受孕的稻花，背孩子的玉米秸，看见了满地奔跑的牛、猪、马、羊、鸡、鸭。那是和那个夜晚的花朵联结在一起的生命。

第三章

顽强不屈　英雄辈出

第一节　英雄辈出

在苗族历史上，涌现过许多可歌可泣的英雄人物和英雄壮举。远古时代，有蚩尤和他的将领们。之后的苗族人为了生存和捍卫自己的家园，与统治者和外来势力的斗争从未停息，明朝以后甚为突出。到了清代，由于社会关系的复杂化，官府对苗族社区的不断侵蚀和盘剥，与苗族的对立越来越突出，矛盾激化，造成了官逼民反的时代格局。苗族民众在忍无可忍的境况下，出现多次规模不同的苗族起义。在历次的苗族起义中，苗族人彰显了自己顽强不屈的精神和坚强的斗志。

一、包利和红银

包利，男，苗族，人称包利王。贵州省台江县台拱镇红阳村人，生于清康熙二十七年（1688 年）农历五月初五，清雍乾年间苗族起义领袖。包利武艺高强，生性刚烈，交游广远，常出入于贵州清江、古州、丹江、台拱各苗寨传授武艺。他不仅拳术高超，而且马技和箭术都十分精湛，射箭能在数百米以外，箭箭命中目标，因而扬名“苗疆”。红银，

男，苗族，贵州省榕江县八妹寨人，清雍乾年间苗族起义将领。

雍正十二年（1734 年）七月，包利与翁梭寨首领三兜（三元），翁密寨首领勾翁三人结义，以挑叶烟为由，秘密潜往清江①和古州②八妹、高表等地联络，声称苗王出世，密谋反清，包利等因此被古州镇总兵捕捉，后因证据不足包利等三人被释放。雍正十三年（1735 年）二月，包利、红银等称苗王出世，在古州高表召集古州、清江、台拱③等地苗民万余人歃血议榔，公推包利为苗王，举行起义。

义军进击古州，古州镇总兵闻讯，带重兵至王岭讯阻击。义军被迫退回高表，以清江的鸡摆尾、丹江的控拜、台拱的台雄为据点，分两路抗击清军。一路由红银率领进攻清江厅，一路由包利率领进攻台拱厅，先取台拱厅方召讯，截断台拱援清江通道，清军败于莲花屯，清兵两千人被围歼。义军顿时声势大振，增至两万余人，一举攻下台拱厅城。官军退避镇远，义军以鸡摆尾、控拜、台雄为据点，分路进击清军。并乘势攻取旧州④、余庆、八寨⑤、丹江⑥、青溪⑦、思州⑧等厅城，威镇京城。兵部调遣湖广、四川等省军队联合围剿。五月，义军再取丹江、青溪两城，近思州。雍正闻奏，倾全湘之兵于沅、辰、靖州一线，双重布防，警惕湘西苗民响应。六月，湘军进入镇远。七月，广东军队直抵古州、八寨，滇、川、黔三军逼向凯里、清平集结，都被义军击溃。清军将领哈元生、张照、董芳、德希寿等畏葸不前，被朝廷革职查办。八月，朝廷将湖广总督张广泗，升任七省经略，从

① 清江，即清江厅，今贵州省剑河县。
② 古州，即古州厅，今贵州省榕江县。
③ 台拱，即台拱厅，今贵州省台江县。
④ 旧州，今贵州省黄平县属。
⑤ 八寨，今贵州省丹寨县属。
⑥ 丹江，即丹江厅，今贵州省雷山县。
⑦ 青溪，今贵州省镇远县属。
⑧ 思州，今贵州省岑巩县。

长沙调往镇远总理苗疆事务，调度军事，再行增兵四万余人，弹压苗疆。在朝廷众兵压境之下，包利和红银率领的苗族义军毫不畏惧，悲壮地与官军决一死战，其势锐不可当，使官军节节失利。乾隆元年(1736年)，官军对苗族义军进行分化瓦解，实行各个击破，使起义军失利。义军退避于交相①、汪江、交宫、南宫等地，潜至牛皮大箐②与清军周旋，陷入孤军奋战。三月，被官军八面围攻，截断粮草，又遭叛徒破坏，因而惨遭失败，1300余人阵亡，2400余人被俘，数万人被屠杀。时包利已病故（一说包利被俘，解往贵阳途中因伤情过重身亡），其残部在石金元率领下，逃奔广西，入黎平，破永从。乾隆五年(1740年)，义军最后失败，石金元、老能等首领先后被俘，遇害于贵阳。

包利、红银和他们领导的苗族起义，虽然已经过去近三百年了，但他们可歌歌泣的英勇事迹至今仍铭记在苗族民众的心间，人们一直把他们的事迹编成历史故事和歌谣在民间传诵。

二、吴八月和石柳邓

湘西位于湖南省西北部，素有湖南省的“西北门户”之称。因与湖北、贵州、重庆三省市相接壤，又有“湘、鄂、渝、黔咽喉”之说。

云贵高原千里绵延，巍巍地从西部向东延展，到了湘黔边地之后，又有武陵山脉自西南向东北蜿蜒盘过，这块山地高耸，峰峦突起的大地，就是湘西大地。滔滔东流的清水江在湘地摇身一变为沅江，之后奔流在湘西大地上，与西水、舞水一起成为这块土地上的主要河流。千百年来，这些河流润泽着湘西大地，也润泽着湘西大地和黔东北的苗族民众。生活在这片土地上的苗家人自耕而食，自织而衣，过着自

① 交相，贵州省台江县台拱镇红阳村，苗族抗清英雄包利的出生地。史书上称为交上。
② 牛皮大箐，即今雷公山区。

给自足的生活。

18世纪后期，清政府在苗族地区设立军事据点，加强对苗疆的统治。与此同时，一些满汉官吏、地主和商人进入湘西及黔东北苗族社区，通过放高利贷等巧取豪夺，大量兼并苗民土地。苗族生存之地受到极大的侵蚀，致使苗民无地可耕，无山可猎，激起了苗民愤慨。清康熙四十三年（1704年），清政府对湘西实行"改土归流"，在土司辖地设"流官"制，地主和官吏更加肆无忌惮地大量兼并苗民耕地，致使苗族社区贫困加剧，阶级矛盾日益加深。清乾隆五十九年（1794年），贵州松桃厅[①]大寨营石柳邓、湖南永绥厅[②]黄瓜寨石三保等人，邀集在凤凰厅[③]鸭堡寨秘密商议反清起事，并于土地庙前同饮血酒，发誓一反到底。因石三保不识字，即想到姑表兄吴八月能读会写，便秘密联络之。吴八月挺身而出，为起义军书写文告，宣传振兴苗族、反对统治阶级民族压迫的政治主张，并与石柳邓、石三保一起大举抗清大旗。

吴八月，又名吴世宁，出生于清雍正六年（1728年），一说是雍正七年（1729年），凤凰厅大杉木寨人。年少时上过学，青年时好武术，武艺高强，任过苗寨百户长。石柳邓，出生于清乾隆二年（1737年），贵州省松桃厅大塘汛大寨营人。自幼家境贫寒，仅靠少量土地和打草鞋出卖为生。贫寒的家境使他磨炼出坚强的意志，练就了一身本领。

乾隆六十年（1795年）元月，在首领吴八月、石柳邓、石三保的率领下，苗族民众以"逐客民，复故土"为口号，在湘西和黔东北苗族社区发动抗清起义，备受盘剥和迫害的当地土家族、汉族等民族也纷纷参与，顿时人数达30余万。义军先后攻占湘、黔、川三省六府13个厅县，清政府先后调集湘、鄂、川、黔、滇、粤、桂七省18万军队进行镇压，

---

① 松桃厅，今贵州省松桃县。
② 永绥厅，今湖南省花垣县。
③ 凤凰厅，今湖南省凤凰县。

大小战斗百余次。清军屡遭惨败，仅在乾州、凤凰、永绥和松桃四个主战场死亡或被毙的总督、提督就有4名，把总以上官吏220名。消耗军费700多万两白银。起义中，苗族义军英勇顽强。在贵州，义军围松桃县城达60天之久，在湖南，围永绥，攻镇筸[①]，占乾州[②]，队伍达七八万人。同年三月，贵州义军转入湘西，八月，以湘南乾州平陇为根据地，推举起义领导人吴八月为“吴王”，提出“打到黄河去，不到黄河心不死”的口号，坚持反清斗争一年多。嘉庆元年（1796年）十月，苗族起义军进行平陇保卫战，在敌人优势兵力的进攻下被迫撤出，起义失败，历时两年多。乾嘉年间苗族起义虽然以失败而结束，但起义的余波一直延续到1807年，前后达12年之久。长达12年的湘黔苗族大起义，成了清王朝由极盛而走向衰落的重大事件之一。

三、抗清英雄张秀眉

张秀眉（1823～1872年），原名兄波，苗族，今贵州省台江县板凳寨人。其家族李姓，因为没有文化知识，幼年在台江张家寨打工为生，所以张家寨赐予姓张。清咸丰同治年间苗族起义领袖，其英雄事迹被后人编成《英雄张秀眉》等史诗流传民间。

1840年，第一次鸦片战争爆发后，外国资本主义势力不断入侵，中国社会各种矛盾日益加深和激化。地主阶级对农民土地的掠夺与兼并日趋激烈，造成大量农民丧失土地。失去土地的民众只能给地主当佃农维持生计。同时，各族民众的税赋日趋繁重。就贵州来说，从康熙年间开始，每年协饷（养兵费用）为白银37.6万两，由中央和各省负担。到咸丰年间，协饷额增至80万两，中央和各省已无力顾及向贵州拨款，贵州财政年收入不过30万两，还不足协饷的40%，陷入极度

① 镇筸，今湖南省凤凰县。
② 乾州，今湖南省吉首市。

困境。这些负担全被转嫁到各族民众肩上，在实施中实行钱粮折饷，由交粮折成白银，农民的田赋负担增加了几倍，造成“富者以贫，贫者以尽”，许多人被迫“自掘祖坟取先人含敛饰物以折价”的悲惨状况。另外，加上高利贷的剥削，各族民众苦不堪言，生活在水深火热之中，民不聊生，难以卒岁。

咸丰五年（1855 年），黔东南苗族民众不堪清王朝残酷的政治压迫和经济剥削，张秀眉、包大肚①和李洪基②等人在台拱首举义旗，黄平、清平③、古州④、邛水⑤等地苗族民众起而响应，起义很快扩展到黔东南整个苗民聚居区。由于苗族义军股数众多，互不统属，各自为战，张秀眉主动联络各地起义军，合力向清军进攻。苗族义军英勇善战，所向披靡，势如破竹，在黄飘大捷中就歼毙清军一万余人。短短几年时间，攻克了丹江、台拱、凯里、麻哈、八寨、古州、黄平、镇远、清江、都匀等百来个城镇，震惊大清王朝。咸丰八年（1858 年），苗军控制了东起湘黔边境、西至贵阳城下的黔东南大片地区。与此同时，贵州东部、黔西南、黔西北苗族民众和侗、汉、水、瑶、布依等各族民众也纷纷发动起义，烽火燃遍贵州全省。

同治六年（1867 年），清廷命席宝田任军事布政使。次年，席宝田调集湘、川军攻破了起义军的要隘荆竹园，苗族起义军陷入被动局面。同时，命湘川滇桂等几省清军大举入黔，致使苗族起义军寡不敌众，攻占的城镇先后失守，许多将领在战斗中殉难。同治十年（1871 年），张秀眉、杨大六⑥放弃最后据守的丹江厅城，退守雷公山。十一年（1872

---

① 包大肚，贵州省施秉县人。

② 李洪基，苗名网两丢，贵州省剑河县人。史书上多称李垣吉、李公鸡、李拱阶等。

③ 清平，今贵州省凯里市境内。

④ 古州，即古州厅，今贵州省榕江县。

⑤ 邛水，今贵州省三穗县。

⑥ 杨大六，贵州省雷山县人。

年）四月，被俘于雷公山麓乌鸦坡一役。张秀眉等被押解至长沙，受尽酷刑，同年秋，在长沙英勇就义。李洪基从雷公山突围出来，到下江组织义军继续抗清，但因寡不敌众，加上清军的围堵，李洪基带着小部分抗清队伍迂回于广西，辗转潜回家乡躲藏。清兵在他的家乡设营房搜查三年无果，李洪基不久也于家乡贵州省剑河县久仰乡汪郎寨病逝。从此，声势浩大的咸同年间黔东南苗族起义宣告结束。

自 1855 年开始，至 1872 年失败，战争长达 18 年之久。这次起义席卷贵州，波及湘桂滇川，震动全国，在中国农民革命史上，写下了光辉的一页。张秀眉、杨大六等率领的咸同年间苗族反清斗争，虽然失败了，但其历史贡献是不可磨灭的。这次起义，是苗族历史上所有起义中规模最大、时间最长的一次，严重地打击和动摇了清王朝在贵州的统治，这次起义失败以后未及 40 年，清王朝即告崩溃，这说明苗族起义对于清王朝的衰亡有不可磨灭的贡献。

抗清英雄张秀眉塑像

第二节　英雄遗迹

一、红阳苗寨和包利墓

在苗岭主峰雷公山的东麓，有一片肥沃的原野。那里生长着茂密的森林，这片森林被贵州省台江县开辟为南宫森林公园。在南宫森林公园里有一座美丽的苗寨，人称红阳寨。红阳寨在苗语里叫交相，海拔600多米，距台江县城17公里，现有216户，1200余人，居住有张、吴、杨、邰、罗等姓氏人家，张姓为建寨始祖。据说，红阳苗寨迄今已有1000多年的历史了。

全寨民居以木房为主，200多户苗族木楼坐落在古木森林之中，三条清澈的小溪从寨上流过，山清水秀，风景迷人。红阳苗寨苗族文化资源丰富，生动悲悯的民间口头文学，高亢雄浑的苗族飞歌，旋律优美的苗族情歌，格调高昂悲壮的芦笙曲子和节奏明快的木鼓舞，精美无比的挑花刺绣服饰，以及民族风味浓郁的苗族节日，吸引着来自四面八方的客人。苗族抗清英雄包利就出生在这座苗寨里，如今，他的故事在红阳苗寨依然广为流传，包利故居、包利跑马道、抗清古战场等遗迹依稀可寻，包利墓冢就隐藏在红阳苗寨南侧的古树林里。

抗清英雄包利王墓

包利墓坐落在一片斜坡上，远远看去，像一片林地，四周被梯田包围着。从红阳苗寨向南面山坡攀行，约一公里，有几株合抱难围的巨大古树，一条小路从树下穿过。古树之下，有两块巨大的青石栽在路口，两块巨石向里侧弯曲如牛角，从中间走过，就像穿越一扇拱门。走入拱门，左侧是一座小山似的墓冢，墓的右侧是一棵硕大无朋的古树，古树被路人砍掉了一半，留下一半支撑着如盖的树冠，郁郁葱葱地迎风摇曳。墓前有一块未经打磨的石碑，大书有“包利王”三字。据说，那块巨碑是2004年清明，寨民为纪念自己的英雄，自发为包利墓立的巨碑。“包利王”三字刚劲有力，体现了一代抗清英雄的刚劲风骨。

来到红阳苗寨的人，都想走向山腰，去瞻仰包利墓，凭吊英灵。站在包利墓之前，两百多年前的血雨腥风呈现在人们的眼前，那场官逼民反的战争让人们久久地思索。

二、掌迷你议榔坪与张秀眉的故事

掌迷你，位于贵州省台江县台盘乡平水村侧。两面高山耸立，中间有一片宽阔的谷地。这条谷地自西向东延伸，一直到清水江。在谷地上，有一座小山包，四周长满了大树，后可倚靠青山，前可俯望田野。每每秋风吹起，树叶纷纷落下，一种肃杀之感油然而生。相传，那里就是张秀眉率领苗族人抗清斗争时，集中议事的地方。站在那座小山包上，手抚着沉默的古树，多少流云从头顶上飞过了，多少岁月从身边流过了，多少风雨从山间飘过了，只有一段震撼千古的事迹一直在人们的心间盘桓。

就在那个小山包上，那个叫掌迷你的地方，至今还流传着一个苗族人生动的传说①。

那是乙卯年三月的一天，张秀眉召集台拱、清江、丹江一带的苗族人，决定在掌迷你议榔②起义。议榔那天，还请来了榔师、理老，杀了一头白水牛，一头白黄牛，还有白鸡、白鹅、白鸭。把牛血、鸡血和糯米酒，搅在一口大木缸里，各人舀一碗，双手端在胸前，由榔师开头，大家齐声盟誓：

白牛红血，穷人赤心。
喝了血酒，对天誓盟。
赶走官家，同享太平。
有福同享，有祸同分。

---

① 燕宝等搜集整理。故事流传于贵州省黔东南苗族社区。

② 议榔，苗族民间的一种集中议事活动。

除掉官害，消灭豪绅。
耕田种地，五谷丰登。
谁心不正，半路变更，
牛刀砍头，利箭穿心。

誓毕，张秀眉举杯先饮，众人也一饮而尽，把碗翻倒放在地上。饮罢，张秀眉举箭射靶，三箭穿心。众兄弟齐声喝彩："好箭法、好箭法。"然后，推他为头领。这时，秀眉站在高处，手指谷桶，大声说道："弟兄们喝了血酒，还要在谷桶里投香。一炷香，一颗心；一桶香，一股劲，杀绝官兵见亲人！"说罢，带头从三丈远的地方向谷桶里"嗖"地投进一炷香，正落在桶心，众人又是一阵喝彩声，接着争相从四面八方向谷桶里投香，一下子投满了三谷桶。

投完香，秀眉又大声说："我们起义，是要颠倒官家的政令，刚才大家倒翻了血酒碗，现在还要砍一根杉树来倒栽，杉树活了，我们的事业就一定成功。"大家异口同声回答："好啊——好啊！"于是几个苗家青年砍来一棵手杆粗的杉树，由张秀眉倒栽在掌迷你坪子中央，李洪基、杨大六、包大肚等将领和苗族青年纷纷围来壅土，壅好土后，又由榔师领头，大家齐声念道：

杉树杉树，饮云吸露。
快长快大，起房造屋。
杉树杉树，根深叶茂。
造反成功，大家享福！

第二天一早，满山牛角号吹响。张秀眉高举砍牛刀，向台拱方向一指，起义军的勇士们，像猛虎下山一样，朝台拱方向杀去。一场轰轰烈烈的抗清战争就这样开始了。这场抗清起义从 1855 年开始，到 1872 年结束，长达 18 年之久，严重地撼动了清王朝的统治地位。

如今，掌迷你议榔起义已成为历史，但掌迷你却成了苗族人心中一个景仰的地名。人们从那座神圣的小山走过，都会驻足凝视着那些苍老的古树，凭吊着那些逝去的英雄，牢记一段峥嵘岁月，从而生起一股坚韧向前的动力！

三、李洪基及其盔甲[①]

"官家来压迫，天下不安宁，李洪基当头，当头拉大旗……李洪基带头，来同公保牛，商量打官府。义军来齐不？来齐就出发。连打三年半，处处打胜仗……"在苗族酒歌中，李洪基抗击清军的故事可以唱三天三夜。传说李洪基勇猛善斗，身穿一百多斤的盔甲衣，仍健步如飞，杀得清军狼狈逃窜。

李洪基是咸同年间农民起义著名将领，苗名往两丢，约生于道光十年（1830 年），死于光绪二年（1876 年），贵州省剑河县久仰乡夭那村汪郎寨人。他本性聪颖，刻苦好学，武艺出众，勇猛善斗。举旗反清后，他打制一副盔甲，并在头盔上铸一把镋叉于其上，因镋叉状如水牛角，苗族人称他为"nix ghongl gib"[②]。

李洪基的少年和青年时期，正是苗族人饱受压迫、灾难深重的年代，厅官、土官、差役的残酷压榨，致使苗族人喘不过气来，尤其是清政府在苗区安屯设堡，强行圈地屯田，苗族腴田沃土更多被夺占。苗族人陷于"终日采芒为食，四时不得一粟入口"，"为盗而死，忍饥而死等死耳，犯法可以赊死，忍饥则将立毙"的绝境。官逼民反，咸

① 杨村、文玉深主编：《乡土剑河》，贵州人民出版社，2008 年版。

② nix ghongl gib，苗语，李洪基的谐音，意为"弯角的水牛"。

丰五年（1855 年）农历三月，李洪基于清江九兮[①]、九节[②]起义，提出“打屯军，夺田土”的政治主张，深得苗族人拥护，人数增至数千人。义军一路攻讯克堡，夺城斩将，占领清江厅城、柳霁[③]县城。李洪基先后与侗族义军姜应芳部、陈大禄部、苗族义军张秀眉部联合，一起痛击清军，攻下天柱县城、湖南晃州、沅州、会同、靖州，人数扩展至数万人。战斗足迹遍及贵州、湖南、广西，打得清政府换了两个贵州巡抚，革职、降职处理一个贵州布政使，调集湘、黔、川三省兵力四万之众镇压。同治十二年，起义军大营雷公山被湘、黔军攻破，李洪基杀出重围，回到家乡夭那寨，藏身在山洞里。十二月初六，归俾团民用一个人头当成李洪基的人头献给湘军储裕立领赏，被储裕立发觉是假的，于是派清江协副将许德胜设营驻扎于夭那寨围捕李洪基。全寨苗族人保护自己的首领，个个守口如瓶，清军无计可施，始终抓不着李洪基。清军于光绪二年（1876 年）撤营退兵。李洪基于是出洞与寨邻团聚，不久生病去世。

李洪基去世后，他身穿的盔甲成了一个谜，当时传言说在战斗中丢失了。1958 年，村民在夭那寨屋背山挖土时挖出了李洪基的盔甲，铁盔高 25 厘米，直径 20 厘米。盔的前面嵌镶一对铁制小牛角，长约 5 厘米，两角间距 6.6 厘米，两角中间焊有一根空心小铁柱，略高于角尖。铁甲的前幅用略比手掌大的铁片五块连缀而成，如鱼鳞状，后幅为八块铁板连扣制成，左右腋下各由一整块铁板与前后铁片相连扣，呈扁方形桶状。前摆略短于后摆，宽 50 厘米，胸径 30 厘米，长 85 厘米。从腋下开襟，重 30 多公斤，盔甲放在李忠家保管。1959 年 8 月 3 日，李忠把李洪基的盔甲献给国家，由中国历史博物馆收藏，后该馆将此物转中国革命博物馆，今存于中国革命博物馆展览大厅内。

---

① 久兮，今久仰乡久顺村。

② 久节，今久仰乡久吉村。

③ 柳霁，今南加镇柳基村。

第四章

苗族人口的发展

第一节　生殖崇拜

一、在劫难中复生

在漫长的历史长河中，世界各民族都以大胆的想象和奇特的推理来探索人类的起源和发展过程。远古时代，地球上是不是真正有过一次水漫金山的洪水滔天呢？

在苗族古歌里，这个故事线索非常清晰。苗族古歌是这样唱的：

雷公和姜央是蝴蝶妈妈生下的12个蛋里孵出来的兄弟，因分家产时姜央争得屋基和晒谷场，雷公不服，一气之下跑到天上去了。姜央留在人间，按照人间的节令耕田犁地。但姜央没有牛，他只好向天王借牛来犁田，雷公正是天王的牛倌。可姜央犁完地后，把牛杀吃了，牛尾插在水中。天王没看见姜央去还牛，派雷公去人间通知姜央还牛。姜央骗雷公说，牛陷到了田底，只有尾巴还在外面了。雷公去拉牛尾，摔得满身是泥，于是大怒，上天降大雨，让漫天洪水淹死姜央。姜央谎说：如马上涨洪水我会逃脱，如过三个早上和夜晚，一切都忘了，

再降大雨、涨洪水的话，我肯定就逃不脱了。雷公信以为真。姜央随即种下葫芦，葫芦顷刻间就发芽开花了。三天以后，葫芦长得像水缸大。过了三个昼夜，雷公降下洪水，淹没了人间。姜央兄妹住在葫芦里，飘到天边。雷公叫鹅去看洪水是否把姜央淹死了，鹅回来说好像还有个山包在飘飘荡荡的。雷公一听恼怒起来，把鹅的嘴打得肿了个大包。雷公又派鸭和羊去看，它们回来也说好像有个山包在天边飘来飘去的。雷公听了又发起脾气来，把鸭嘴踩扁，把羊角扳弯。随后又叫鸡去看，鸡回来说天底下一片汪洋。雷公才高兴了，给鸡搓了个尖嘴壳，让它好到地上啄米吃粮。很久以后，洪水慢慢退了，姜央和妹妹才回到了大地上来繁衍人类，苗族人才躲过了一劫，苗族人口才有了新的发展。

二、生殖崇拜及其形式

苗族是一个历史悠久的民族，以其丰富的文化遗产在国内外占有重要的地位。而繁衍与生存又是这个民族的社会发展主体。因而，像许多旺盛的民族一样，生殖崇拜是苗族文化的一个组成部分。在传统的苗族文化习俗上，认为母性在人类繁衍过程中发挥着巨大的作用，因此，苗族没有歧视女性的陋习，崇尚男女平等，实行一夫一妻制，女性在苗族社会中受到极大的尊重。这不仅是苗族人尊重女性的一种表现，也是生殖崇拜的一种表现。生殖崇拜，就是对生命延续的尊重，就是对人类繁衍生息的尊重。苗族的生殖崇拜的对象是多种多样的，有枫木、蝴蝶、龙、牛、鱼、鸟、葫芦等，其形式也是丰富多彩的，有图案形式、歌舞形式、绘画和造型艺术形式、实物形式以及礼俗形式等。

图案形式主要表现于苗族女性的服饰上。图案是苗族女性服饰的重要组成部分。苗族女性心灵手巧，她们基本上都会挑花绣朵，把一个个精美的图案刺绣成片，之后把这些绣片缝在衣服上，既满足她们的审美需求，也体现了苗族的生殖崇拜意识。这些图案大多以枫木、蝴蝶、龙、鸟等为对象，通过变形夸张等手段，巧妙地组合成美丽的图纹。在贵州黔东南的大部分苗族社区，如台江县施洞镇、台拱镇，雷山县西江镇、方祥乡，剑河县革东镇、岑松镇、柳川镇，施秉县的双井乡，凯里市三棵树镇等，苗族女性的服饰图案都体现出这些物象崇拜，也就是苗族的生殖崇拜对象。

歌舞形式，就是在苗族的歌舞艺术形式上，有很多内容和形式也体现苗族的生殖崇拜意识。在苗族古歌和情歌中，生殖崇拜意识很强烈，如苗族古歌的枫树生妹榜妹留（蝴蝶妈妈），蝴蝶妈妈生姜央等万物，以及姜央和妹妹结婚等。而苗族情歌则更能直观地体现，如《不知情哥在哪家》、《假如你是》① 等，都体现了苗族婚恋与生殖崇拜的意识。苗族舞蹈则更形象地进行生殖崇拜的表达和演绎，如湘西的接龙舞和木鼓舞，广西融安的芒蒿舞等，都有祖先崇拜和生殖崇拜的表现意识。广西融安的苗族芒蒿舞是一种欢快粗犷的舞蹈。舞者一般是男人，全身都挂满当地一种叫芒草的植物，戴着木制的古老面具，看起来如同一个能活动的植物人一样，充满了神秘感。芒蒿舞不仅是一种祈求丰收的舞蹈，也是一种有关生命和生殖崇拜的舞蹈。苗族人跳这种舞都是选在春节后，万物复苏的季节。舞蹈时，除了以舞蹈里有芒蒿抬着糍粑、稻谷表示对丰收的祈求外，还要抬着身着芒草戴着面具的小男孩和盛装小女孩游行，高潮时要把小男孩和小女孩举起。苗族人朴素的丰收情结和生命延续愿望在舞蹈中得到淋漓尽致的表现。

绘画和造型艺术也体现苗族人的生殖崇拜意识。生活在湘西大地上的苗族女性的锉花艺术，也称剪纸艺术，特别喜欢花鸟纹样和龙凤纹样。而生活在贵州省剑河县革东镇养门一带的苗族女性，则特别喜

① 李耀宗等编：《中国少数民族情歌选》，四川民族出版社，1985 年版。

爱剪纸艺术，在她们的剪纸艺术作品中，以蝴蝶图案为最丰富，最美丽，其次是鱼鸟图案和枫木图案，也常常在她们的剪纸作品中体现。她们将自己精心绘画的剪纸图案制作成蓝本，然后用针线按照蓝本绣制成服饰图案。另外，在苗族民间的一些壁画和岩画中，或者在一些木雕或石雕中，不难看到一些意象清晰的男女生殖器图形或造型，这些图形纹样和造型虽然粗糙拙劣，但其深刻的意识都与生殖崇拜有着密切的关系。

另外，在一些苗族社区里，有些典仪，比如祭祖典仪，招龙典仪等，都会有关于生殖崇拜的表演。在表演过程中，道具是一些象征着男女生殖器的实物，模拟生殖的细节和生命的延续过程。

第二节　响彻世界的声音

一、跋山涉水，发展族群

"硕鼠硕鼠，无食我黍！三岁贯女，莫我肯顾。逝将去女，适彼乐土。乐土乐土，爰得我所。"[①] 这是中国最早的诗歌总集《诗经》中的诗句。这些诗句也可以用来描述苗族先民跋山涉水不断迁徙的基本原因。苗族不仅是一个勤劳勇敢的民族，一个富有智慧和生存能力的民族，也是一个不断迁徙的民族。他们不断迁徙的原因不仅与部落战争与统治阶级的盘剥和压迫有相当大的关系，而且与苗族人口的发展有极大的关系。当中国历史的车轮驶入明清朝代的时候，苗族社区爆发了大规模的苗族起义，其最根本的原因就是反抗统治阶级的剥削和压迫。苗族人口在一次次的战争中一度锐减，但为了保全族群和发展族

---

① 《诗经·国风·魏风》。

群，他们进行了一次又一次的迁徙，寻找自己的避难所。《诗经》里所描述的“乐土乐土，爰得我所”，与苗族先民迁徙的状态十分相似。乐土啊乐土，你在哪里？苗族先民就是这样，在家园一次次被侵占中流离失所，又一次次远征开辟家园，寻找自己的安身之土而发出了这种无奈愤慨的呐喊和无尽的追问。

在苗族古歌里，对苗族迁徙也有专门的描述。古歌唱道：“老鸦无树桩，苗族无地方。到处漂泊阿，到处去流浪。”苗族从古至今的迁徙，不下千百次。从北到南，从东到西，从黄河中下游到江淮地区，从江淮地区到左洞庭右彭蠡之间，从左洞庭右彭蠡之间到五陵山区，从五陵山区至云贵高原，从云贵高原到东南亚，从东南亚到欧、美、澳大利亚及法属圭亚那（南美洲）等，足迹遍及世界各地。在这千百次迁徙中，苗族民众一直在寻找着自己的家园，寻找着自己的安身乐土。苗族古歌《跋山涉水》[①]，描述的溯河西迁的故事，就是描述苗族从东到西的迁徙过程，即是苗族从江淮地区不断向彭蠡洞庭，从彭蠡至五溪地，从五溪地至云贵高原的迁徙过程。这是苗族历史上一次最为典型的大迁徙。苗族先民在无数次的大迁徙中，历尽艰难险阻，从无数次劫难中绝处逢生。一个意志坚强的民族，就这样凭着智慧和毅力，跋涉千山万水，在荆棘丛生中把生命和血脉延续，奇迹般地发展和壮大。在此，摘录几段苗族古歌[①]，以供参阅：

从前五支奶，居住在东方；从前六支祖，居住在东方；挨近海边边，天水紧相连，波浪滚滚翻，眼望不到边。

东方虽宽敞，好地都种完。剩些空地方，窄处像马圈，陡处像屋檐。

奶奶住的村，又小又窄狭；公公住的村，房屋都不大；

① 燕宝译注：《苗族古歌》，贵州民族出版社，1993年版。

像个小蜂窝，挤得黑麻麻。麻雀生多了，窝窝挤不下；子孙生多了，寨子住不下。

子孙生太多，吃的找不着，穿的找不着，蕨根当饭吃，树叶做衣着。

蕨根粉当饭，吃了饿得快，一天吃九次，九天就吃完。树叶做衣穿，实在破得快，一天补九次，九天不能补。住的太狭窄，吃的没办法，穿的不像话。奶奶和公公，才迁来西方，寻找好生活。

我们五支奶，我们六支祖，经过千般难，吃过万般苦。迁徙到西方，创造好生活。

总之，苗族先民历经无数次的长途迁徙，其目的是开辟家园，寻找安身之土，发展自己的族群，创造幸福的生活。

二、从苗族支系看苗族分流

在漫长的历史河流中，由于苗族一直处于不断迁徙的状态，流离奔途，异地而居，因而形成了现今苗族分布广远，支系繁多的局面。而苗族支系纷繁复杂，众说不一。有人认为，苗族支系有 100 个以上。按其方言来划分，苗族有东部方言区、中部方言区和西部方言区，但实际区分其支系时，往往又以服饰来区分。因此，说苗族有 100 多个支系，并非夸张之辞。仅贵州黔东南，苗族服饰就有 170 多种，可见，苗族支系的复杂多样。过去，有人根据苗族服饰的色彩，把苗族划分为红苗、黑苗、白苗、花苗、青苗等，也有人按其服装的款式划分为长裙苗、短裙苗、锅圈苗、披袍仡佬、剪头仡佬等，按其头饰又划分为歪梳苗、长角苗、斑鸠苗、乌鸦苗、海贝苗等，而有人则按其居住地划分为东苗、西苗、平伐苗、八番苗、清江苗等，清朝时期又按苗族的汉化先后划分为生苗、熟苗等，这些称谓都是外人对苗族支系的歧义划分，有些划分还伤害到了苗族人的身心。

现在，人们从文化习俗、服饰、语言等方面，并按苗族自身的归属意愿，基本上把苗族区分为湘西黔东支系、施洞支系、革东支系、革一支系、台拱支系、巴拉河支系、黄平支系、稿旁支系、柳川支系、久仰支系、柳富支系、巫门支系、六合支系、大塘支系、太拥支系、舟溪支系、丹寨支系、岜沙支系、加勉支系、融水支系等60多个[①]。

西部方言苗族男子

由此可见，苗族支系纷繁复杂，既有相同的特征，又有各自的特点。追溯数千年的历史，苗族在历次长途迁徙中，多次分流，形成了当今苗族支系格局，这足以说明，苗族同宗共祖，文化同源，山水相连，却又在长期的迁徙离散与聚合中，各支系在保持共同文化特质的基础上，又加以新的发明和创造，形成了大放异彩的苗族文化。

在各地的古歌传说和实物见证里，苗族的分流是一种阵痛，也是一种民族发展壮大的必然。贵州省剑河县太拥乡的党故松计，就是苗族大规模迁到此之后，有组织地召集的大型议榔活动，决定族群的分

① 苗族联盟网，http：//www. miaomeng. net/portal. php? mod=view&aid=375.

流。现今在贵州省黔东南东南部的苗族支系里，基本上是那次分迁之后发展起来的。

第三节　苗族人口的分布及其发展

一、遍地开花以及一根藤上的瓜

苗族是我国一个古老的民族，也是我国人口众多的民族。苗族分布地域的历史变迁很大，根据历史文献记载和苗族口碑资料，苗族先民最先居住于黄河中下游地区，三苗时代又迁移至江汉平原，后又因战争等原因，逐渐向南、向西大迁徙，进入西南山区和云贵高原。自明清以后，有一部分苗族移居东南亚各国，近代又从这些地方远徙欧美和澳大利亚。

从中国苗族的分布情况看，其特点是大散居，小聚居。遍地开花和一根藤上的瓜，就是苗族居住特点的形象写真。苗族从远古时代的大迁徙，到当今的遍地分布，就像一株旺盛的瓜藤，枝繁叶茂，线索分明。这株旺盛的瓜藤上开满花结满果。从大的板块来说，有东部方言区、中部方言区和西部方言区。从人数上看，聚居的人多，散居的人少。现在，中国苗族主要分布在贵州、湖南、云南、四川、广西、湖北、海南、广东、浙江等省区。其中，贵州省分布最多，遍布全省各地，尤以黔东南苗族侗族自治州最多、最集中，其余分布在毕节地区、黔南布依族苗族自治州、安顺地区、铜仁地区、黔西南布依族苗族自治州、六盘水市、贵阳市、遵义地区；苗族在湖南省主要分布在湘西土家族苗族自治州各县市、怀化地区麻阳苗族自治县、靖州苗族侗族自治县、通道县、新晃县、洪江市，邵阳地区城步苗族自治县和绥宁县，张家界地区桑植县，湘西北和湘西南其他各县也有部分苗族；

在云南省，主要居住在文山壮族苗族自治州、昭通地区和红河哈尼族彝族自治州，其余在屏边、楚雄、曲靖、昆明等地市；在四川省，主要分布在叙永、古蔺、兴文、筠连、珙县、武隆、马边等县；在重庆市，主要分布在彭水、酉阳、秀山、黔江等县；在广西壮族自治区以桂北融水苗族自治县最多，其次分布在隆林、南丹、西林、三江、龙胜、河池、资源等县；湖北省主要分布在鄂西土家族苗族自治州利川、来凤、宣恩、咸丰、建始等县；广东省主要分布在东莞、深圳；海南省主要分布在通什、琼中、保亭、乐东、万宁、陵水等县。另外，苗族人口上万人以上的省份还有浙江、江苏、福建、上海、北京，河北、山东、新疆等全国其他省区也有零星分布。

苗族像一棵枝繁叶茂的瓜藤，在大地上生根发芽，茁壮成长，盛开的花儿结满了累累的果实，成了中国大地上的一道亮丽风景线。

中华人民共和国成立以后，苗族人口和许多少数民族一样，人口呈不断上升的态势。2010 年，第六次全国人口普查结果，中国苗族人口有 9 426 007 人，在中国的少数民族中，人口总数位居第四。

从 2010 年第六次全国人口普查数据上来看，中国苗族主要分布情况一目了然，即主要分布在贵州、湖南、云南、重庆、四川、广西、湖北、广东、海南、浙江、江苏、福建等 12 个省区市。贵州苗族人口最多，为 396.8 万人，居全国首位，比 2000 年有所下降。其次为湖南省 206 万人，比 2000 年有所增加。依次为云南省 120.3 万人，增。重庆市 48.3 万人，减。广西壮族自治区 47.5 万人，略增。浙江省 30.9 万人，增。广东省 25.2 万人，增。湖北省 17.7 万人，减。四川省 16.5 万人，增。福建省 8.8 万人，增。海南省 7 万人，增。江苏省 5 万人，增。中华人民共和国成立后，分别在苗族聚居的社区设立自治州和自治县。目前，有自治州 6 个，即贵州省黔东南苗族侗族自治州，黔南布依族苗族自治州，黔西南布依族苗族自治州，湖南省湘西土家

族苗族自治州，云南省文山壮族苗族自治州，湖北省恩施土家族苗族自治州。有自治县23个，即贵州省的松桃、印江、道真、务川、镇宁、紫云、关岭、威宁，湖南省的麻阳、靖州、城步，云南省的屏边、金平、禄劝，重庆市的秀山、酉阳、黔江、彭水，广西壮族自治区的龙胜、融水、隆林，海南省的琼中、保亭[①]。

苗族从远古时代开始，就开始不断迁徙流动，他们就像一株美丽的瓜藤，把根深深地植在中国大地上，之后生长延伸，枝繁叶茂。或者，苗族就像一条奔腾不息的大河一样，许多支流汇聚在一起，携带着各地的花色与地香，顺着历史的脉向滚滚向前，之后在中国大地上掀起美丽的浪花。苗族人口的流动是复杂曲折的，从古代部落集团的涿鹿大战之后，苗族就一直处于迁徙流动之中，从南迁到西迁，经历过无数艰难险阻之后，苗族才在湖南、湖北、贵州、云南、四川、广西聚居下来。到明清时代，一部分苗族继续流动，开始走出国门，迁入东南亚半岛，距今已有700年的时间[②]。1949年，中华人民共和国成立后，我国境内的苗族基本上结束了漂泊的生活。中国改革开放以后，随着经济格局的发展和变化，一部分苗族人口不断涌向沿海发达地区，有些在那里长期居住下来，聚居于广东东莞市辖区、深圳宝安区和浙江的苗族人口，基本上属于这一部分流动的苗族人口。

二、苗族人口的发展

苗族人口的发展问题，是一个复杂的问题。中华人民共和国成立之前，由于苗族历经多次大迁徙和长期的政治、战争和经济原因，异动情况是一个起起落落的过程。但因为缺乏文献资料，其异动情况难以考证。中华人民共和国成立之后，中国苗族基本上安居乐业，苗族

---

① 石茂明著：《跨国苗族研究/民族与国家的边界》，民族出版社，2004年版。

② 石朝江著：《世界苗族迁徙史》，贵州人民出版社，2006年版。

人口一直呈增长态势，而且人口数量的发展速度越来越快①。从全国的六次人口普查来看，中国苗族人口分别为：1953年251万人，1964年278万人，1982年503万人，1990年739万人，2000年894.01万人，到2010年第六次全国人口普查，苗族人口增长到942.6万人，其人口总数位居中国少数民族第四位。

从历次全国人口普查的数据分析，中国苗族人口的增长比率和平均年递增率分别为：1953～1964年，10.78%和0.94%；1964～1982年，80.94%和3.35%；1982～1990年，46.92%和4.93%；1990～2000年，20.97%和1.92%。2000～2010年，5.44%和0.44%。这些数据表明，1953～1964年期间，中国苗族人口的发展速度低于全国总人口和全国少数民族人口水平。而1964～1982年，中国苗族人口的递增幅度已经有所增长，而且发展速度高于全国人口和全国少数民族人口的水平。尤其是1987年，全国1%人口抽样资料推算，1982～1987年期间，全国苗族人口每年平均递增率高达8.81%，不仅大大高于以往任何时期苗族人口的增长率，而且比全国人口和全国少数民族人口高出0.8～8.1倍，这段时期，有些省份更高，贵州苗族人口平均每年递增率达10.94%。2000～2010年，中国苗族人口的增长比率和平均年递增率都有了较大的下降。

中国苗族人口的增长速度越来越快，其原因有几方面：一是人口的自然增长，二是苗族人口的“还本归原”，三是苗族与其他民族通婚，其子女选择苗族族别等。而“还本归原”是一个重要的原因，过去，由于人们对族别没有足够的重视，户籍管理也有一定的宽松，有些苗族人在户籍填报时选报其他民族。20世纪80年代以后，许多苗族人把族别还原为自己的民族——苗族。另外，苗族的发展速度也有地区差异，同一地区的不同时期也有不同，除以上所述的几点原因之外，

① 陈秀英著：《中国苗族人口分析》，《中央民族学院学报》，1989年第5期。

与苗族人口的流动也有一定的关系。20世纪80年代至今，许多苗族人口涌入沿海地区，使沿海地区如广东深圳、东莞等一些城市苗族人口上升，这就是明显的例证。2000～2010年，中国苗族人口的发展速度有了较大幅度的下降，人口的发展与社会经济的发展更有利于苗族社区创造健康幸福的生活。

三、苗族人口的结构

2010年第六次全国人口普查资料表明，中国苗族人口总数在全国少数民族中位居第四，其基本分布和发展情况，已很明晰。那么，苗族人口的性别比例、城乡分配、年龄结构和文化构成等是一种什么状况呢?

2010年，第六次全国人口普查资料显示，苗族总人口为942.6万，与2000年的全国第五次人口普查相比，苗族人口增加了48.59万，增长率为5.44%，平均年递增率为0.44%。其中男性487.03万，女性455.57万，性别比为106.91。城镇人口有241.6万，占总人口的25.63%，乡村人口701万，占总人口的74.37%。与2000年相比，苗族城镇人口比率有了较大幅度的提高。

从各年龄段的人口比例看，少年儿童人口（0～14岁）240.08万，占总人口的25.5%，比第五次全国人口普查的比例数29.8%略降；劳动年龄人口（15～64岁）635.12万，比重为67.4%，比第五次全国人口普查的比例数64.78%略增；老年人口（65岁及以上）67.4万，占7.1%，比第五次全国人口普查的比例5.42%增。从受教育的情况来看，6周岁以上人口总数为850.97万人，其中未上过学为87.26万人，小学为391.99万人，初中为272.3万人，高中为61.94万人，大学专科为23.5万人，大学本科为13.26万人，研究生为7177人。

从人口发展来分析，苗族人口不仅在健康水平和寿命上不断提高，而且在接受教育、文化程度和人口质量上也逐年提升，而未受教育者则逐年减少，但也体现出苗族人口的老龄化比例越来越高。苗族历史上是一个没有文字的民族，其记事方式主要是刻木、结绳或立石为凭，或者是口传心授。到了古代社会晚期，苗族才开始出现自己的知识分子，开始借用其他民族的文字和音标创造自己的文字，但创造的文字局限性很大，没有得到普及。中华人民共和国成立以后，苗族人口接受教育的机会逐年增多，苗族知识分子不断涌现，从事脑力劳动者和技术工作者也不断增多。20 世纪五六十年代，苗族人口交际范围狭小，接受教育人口比例不高，懂汉语者很少。到了 70 年代以后，大量的新一代苗族人口接受教育，加上交际空间的拓展和延伸，操用汉语的人口不断增多，现在，苗族社区 50 岁以下的人口除了操用本民族的语言以外，基本上可以操用汉语，有些还能够操用英语和其他外国语进行交流。但我们也还要承认，整体上看，苗族人接受现代教育的程度还是远远不够的，与汉族及其他民族相比，还存在一定的差距。加大苗族地区的文化普及，提高苗族人文化知识水平，仍是我们当下的要务。

第四节　生育与健康

一、落地与命名

苗族生育习俗，是苗族社会长期养成的生育习惯，包括求子、孕育、分娩、命名、坐月、喂养、教育等诸多习俗。而苗族婴儿的分娩和命名，在苗族人心中显得十分重要，这与苗族长期的生育习俗，以及苗族对生命和命运的认识有着直接或间接的联系。

在风景秀丽的清水江畔，高高的苗岭横过蓝天之下，森林茂密，碧水清流，星罗棋布的苗寨依山而建，傍水而居。清水江越过苗岭，唱着歌谣流入湖南时，它从清水江变成了沅水，坦坦荡荡地滋润着五溪大地，深山里的苗族人家就落居在深深的谷地里，或者秀美的山腰上。而在巍巍的乌蒙山区，或者磅礴的大瑶山脉，苗族人又以坚韧的意志顽强地与大山站立在一起。苗族自从离开了左洞庭右彭蠡的广阔平原之后，千百年来生活在大山里，一代代繁衍生息，族群绵延，生命如歌，积累了独特丰富的生育习俗和生存理念。这些独特的生育习俗虽大同小异，但总的来说，却能贯穿着苗族人的生命哲学和生命意义。

苗族虽是聚族而居，山水相连，但大散居小聚居的特点，使其形成了五里不同服，十里不同俗的文化特点。因此，苗族的生育习俗也于大同中存小异。生活在贵州省剑河县的革东、稿旁、久仰、柳川等苗族支系，其小孩出生与命名的习俗有一定的代表性。孩子出生时，并没有繁琐的礼仪。过去，孩子出生时，不许男人在产妇身边，由接生婆给产妇接生。现代医学发达之后，生育知识不断普及，产妇一般都要到医院或在妇产医生的护理下分娩。孩子出生后，男方家必须向母舅家报喜。报喜时要带着米、酒和一只大公鸡。母舅家闻讯后，或亲自前往，或令儿媳前往探视，并将为婴儿准备好的衣物和给产妇准备的补养品带去，表示自家闺女添了人丁，个个都很高兴。孩子出生两到三日时，就要给孩子取名。

剑河苗族给婴儿命名时，要杀一只大红公鸡祭祖，办一桌酒菜，请房族长者和岳母共席。席上，由一位德高望重的妇人将婴儿抱到众人跟前，取鸡心或鸡肝在婴儿嘴上抹一下，大家才可以开席。酒过三巡之后，主人请求大家为婴儿取名，大家互相推让，最后由一位有威望的长者为婴儿取名。这时，长者手持酒碗，把早已想好的名字叫出来，大家便一阵喝彩，婴儿从此有了自己的名字。之后，产妇处于月子期，哺养婴儿，直到满月才请满月酒。产妇坐月子期间，不许去别人家走动，要在满月后，带着婴儿和礼数先走舅家，方可走访其他亲友。婴儿命名以后，慢慢成长。有些婴儿在成长过程中，灾病频发，苗族民间以为，那是婴儿的名字与命相不符，这种情况就会给婴儿改名。改名的礼仪与命名基本相同。

历史上，苗族没有汉姓，取名沿用子父连名制。因为崇拜大自然而又希望得到神灵的庇护，苗族取名有一定的规律性。如果是男婴，苗族通常为其取名为金、木、水、宝、石、岩、王、银、龙、久等，充满刚性；如果是女婴，则通常取名为花、草、菜、泉、溪等，十分柔美。苗族人的名字与自然物有很大的关系，在苗族人看来，这些自然物是神圣的，是给人生命给养的物质，不仅给人以生命滋养，还能保佑孩子健康成长。称呼全名时，先呼其名，后呼父名，有时也子父祖父或子父宗族连名称呼。孩子长大了，要入学了，才为孩子取汉名，苗族民间把汉名称为学名。子父连名是苗族命名的特色，即苗名中，第一个语素是本名，第二个是父名，如果还要第三个语素，则第三个是祖父名或宗族名。

苗族儿童

如某人名岩金，岩是他的本名，金则是父名，通过子父连名，可以追溯到30代以上的世袭。

二、榜香由和幸福的百岁老人们

榜香由长寿，
齿落又重生。
最寿一路歌，
最寿一道酒。
……①

苗族古歌十二路大歌中有一首叫《榜香由》的歌，叙述了一个叫榜香由的长寿神。榜香由偷吃天上的神果，于是长生不老。古歌《榜香由》叙述道，远古有位叫汞达的老人去架桥，东方来的神仙把桥踩，生下榜香由蛋，神仙用斧子将蛋劈开，榜香由诞生了。他3岁学放鸭，12岁摘菜、打柴，18岁学游方。一天，榜香由正在捡牛粪，听到天上小伙翁佛对与他游方的人间姑娘扁金悄悄说，九月初五早晨，雄鸡叫三声，新媳妇舂米踩三下碓的时候，到山下扯那通天的孟间藤，就会落下兜娄果，吞下兜娄果后即能变得聪明美丽，永远年轻，然后两人再成亲。扁金一回头，看到榜香由在偷听，心中一慌，忘记了翁佛的话，向榜香由询问。榜香由把九月初五说成了九月二十九。九月初五那天，榜香由私下偷吃了兜娄果，变得肉白细又嫩，果然年轻起来。九月二十九那天，扁金去拉孟间藤，天上的翁佛觉得她得了一个还要一双，是个贪心的姑娘，一怒之下，

① 苗族古歌。

滚下大石头把姑娘打死在山下。扁金死后，尸臭飘到天上，天王派人查看，才知道有人偷吃了神果，扁金含冤而死。于是各地举行合榔，追查偷果的人，发现偷果的人是榜香由，便四处缉拿，他在人间路走尽，只好往天上跑，到了天上与天王的姑娘游方。一天晚上，姑娘将他的相貌告诉父母，天王知道这人就是榜香由，当即派人守住四门，将他捉住，令其吐出神果，并把他杀死在天上①。榜香由敢于反抗的叛逆精神，千百年来一直为广大苗族人民所传颂，并誉之为苗族的寿星。

苗族是一个崇尚长寿的民族。在苗族民间，人们对长寿的追求，也是一种对生命认识和崇尚生命的态度，并且把长寿老人作为一种生命的标杆。苗族寿星很多。2010 年春节期间，由贵州省老龄工作委员会、贵州省苗学会及贵州醉苗乡餐饮投资管理有限公司联合举办的贵州百岁苗族老人慰问活动，慰问的苗族老人就达 141 名，其中黔东南州 79 名，铜仁地区 18 名，黔南州 10 名，安顺市 9 名，毕节地区 9 名，贵阳市 6 名，黔西南州 5 名，遵义市 3 名，六盘水市 2 名。141 位老人中，男性 37 人，女性 104 人。这些老人中百岁以上的有 130 多人，年龄最高者 114 岁。湖南湘西麻阳苗族自治县，苗族百岁老人多达 40 多名，被誉为长寿之乡。2001 年，湖南省凤凰县人口普查办、县老龄委联合调查，该县境内现有百岁老人 19 人，比 1991 年增加了 15 人。凤凰县的 19 位百岁寿星中，15 位为苗族，其中三拱桥乡拉务村的苗族老人吴妹花，已有 110 岁。广西坡县百省乡那布村苗族老寿星杨美光高龄达 121 岁。以贵州省 2010 年为例，全省人口总数约 4000 万，其中百岁老人 680 人，百岁老人占人口的比例约为 1.6/100 000。而全省苗族人口 396.8 万人，百岁老人 130 多人，占人口比例约为 3/100 000。

---

① 吴一文博客：《蚩尤与姜央、蚩尤与榜香由关系考》，http：//blog. sina. com. cn/s/blog_49f44791010004nj. html。

由此表明，苗族是一个长寿的民族。

现在，苗族老人生活在安定的社会环境里，生活条件不断改善。社会福利的惠泽和养老爱老新风尚的进一步弘扬，给老人们带来良好的心理素质和生活习惯，生活起居更加有规律，早睡早起，热爱劳动，性格开朗，乐观向上，苗族百岁寿星越来越多。如今，在许多苗族社区，政府定期给百岁老人进行医疗健康检查，每月给予一定的生活困难补助。同时有家属子女的关心和照顾，苗族百岁老人的生活过得比较舒适。

三、苗族百岁老人的故事

苗族百岁老人基本上生活在偏僻的乡村，生活环境没有那么好，因此，生活在大山里的每一位苗族百岁老人都是一个动人的故事。从他们的经历中，可以看到苗族的生活状态和生命状态，他们的人生虽然平凡，但却是一则则生动的故事。

刘发么，男，苗族，1904 年出生，贵州省安顺市平坝县马场镇凯掌村人。刘发么身材矮小，自幼酷爱武术。16 岁开始习武，风雨无阻，从不间断。2004 年，刘发么 100 岁，身板仍很硬朗结实，放牛，犁田，种地，喂猪，他样样能干。一次，苗族青年进行武术比赛，忽然杀入一位百岁老人，并在比武场中与青年交手搏击。人们一看，那位老人就是刘发么。只见刘发么时而弓开弩张，时而舞棍飞扬，一招一式，博得阵阵喝彩。刘发么不仅喜爱练武术，还喜欢教人习武。在他的教习下，他的徒弟个个都能耍上几招。逢年过节时进行表演，深受苗家人的喜爱。

陶杨氏，女，苗族，1906 年出生，贵州省望谟县乐旺镇新华村人。陶杨氏老人从小父母双亡，家境贫寒，没读过书。6 岁便下田劳作，14 岁时，耕种锄割十八般武艺样样精通，绩麻纺纱、织布缝衣无所不会。

陶杨氏老人生育儿子一个，今年 74 岁。2010 年，她的重孙已读四年级，陶杨氏家成了四世同堂。陶杨氏年事已高，儿孙们都劝她歇歇，安享晚年，但她总闲不住，拣着活儿做。现在，陶杨氏老人胃口很好，不挑饮食，五谷杂粮鸡鸭鱼肉都能吃。一顿还少不下两碗饭。她很少生病，偶尔有点感冒，不用吃药，喝点姜开水就好了。由于陶杨氏心态平和，没有把烦心的事儿放在心上，并且特别会替别人着想，心地善良，乐于助人。因此子孙特别孝顺，邻里也特别喜欢她。看见老人整天都乐呵呵，大家喜欢在脸上，羡慕在心里。

黄芬布，女，苗族，1904 年出生，贵州省雷山县西江镇羊吾村人。黄芬布从小喜爱挑花绣朵，练就一手绝好的针线活，100 多岁了，她还能穿针走线绣花。可黄芬布老人的一生很坎坷，老伴早已去世，三个女儿出嫁到外地，两个已经去世，仅有一个女儿有外孙，但外孙没有结婚。2009 年，黄芬布 105 岁，唯一的儿子也年过七旬，老人与儿子相依为命。老人的侄媳和侄孙看两位老人很老了，都主动承担起了黄芬布老人家里的重活。村里也早已为黄芬布母子俩申请了农村低保，村支书、村主任和乡亲们，每天都来到老人的吊脚楼上问寒问暖。老人说，在羊吾村这个大家庭里，她有很多儿子、孙子、重孙，她感到很幸福。黄芬布老人很爱美，每有客人来访，她都要换上自己绣

苗族老人

制的苗族盛装，笑盈盈地端坐着。她的嘴里仍有牙齿，而且背不驼，眼不花，耳不聋，生活完全能够自理，说话清晰，语音好听，思路顺畅。黄芬布老人笑起来很好看，人们从她好看的笑纹里，常常想起她年轻时，身着苗族盛装的美丽和轻灵，能歌善舞的模样。

四、长寿之乡——湖南麻阳

麻阳位于湖南省西部的湘黔边地，东与辰溪县交界，南与怀化市鹤城区和芷江侗族自治县相连，西与贵州省铜仁市毗邻，北与凤凰县、泸溪县接壤，在历史上素有“武陵码头”、“湘西门户”和“苗疆前哨”之称。1988年，经国务院批准，设立麻阳苗族自治县。2007年被中国国家民政部老年学会授予“中国长寿之乡”称号。

麻阳苗族自治县总人口37.5万，其中苗族人口26.3万，苗族人口数在中国县市区（特区）苗族人口数中位居第三位。麻阳人均寿命75.6岁，现有百岁老人40多人，占麻阳总人口的12/100 000；80岁至99岁高龄老人5430人，占麻阳总人口1.46%；60岁以上的老人有48 320人，占麻阳总人口13%，这些指标均符合或超过长寿之乡的标准。因此，麻阳苗乡又有“生态福地，长寿天堂”之称。追求福寿，不仅折射出了麻阳人独特的世界观和价值观，也折射出了苗族人祈盼长寿的内在心理。

构建以幸福和长寿为主题的文化，是麻阳人的一贯倡导，也是苗族人的一贯追求。麻阳福寿文化底蕴深厚，形式多样，内涵丰富，这些文化既有物质的体现，也有精神的信仰，物质和精神的高度结合。与其他苗族社区一样，麻阳苗族崇拜树，特别是松、竹、石榴等，就像其他苗族社区的苗族人崇拜石头和大树一样，在人们的心里，就是祈求像那些生命旺盛的植物和永不消殒的石头一样长寿绵延。

麻阳的节日也很能代表中国苗族的节日习俗，以过节的方式来祈求自然万物保佑族人幸福健康，祈求风调雨顺等。三月三的上巳节、立春后第五个戊日的吃社饭节、五月十五的盘瓠龙舟节、六月第二个卯日的吃新节、七月十五的鬼节、九月九的重阳节、十月初二的苗年节，以及过大年的春节等，无不贯穿着福寿的诉求，在虔诚的福寿祈盼中度过一个个神圣的节日。

生活在麻阳的苗家人热爱自己的土地，人们吃着自己的土地生长的五谷杂粮。他们信奉，那些来自于天然的五谷杂粮滋养着一个长寿绵延的族群，那些美丽的山川和甘甜的水土让这个族群一代代繁衍生息，健康长寿。麻阳苗族勤劳勇敢，辛勤耕耘。即使是年过六旬的老人也要参加劳动，春种秋收，一年到头奔波于田间地头。而他们的性情却温厚善良，开朗乐观，家人和邻里之间都能和睦相处，而且助人为乐。也许是因为这些优良的品质，麻阳苗族代代相传，使人们保持一种平和的心态，福寿就那么绵延无边。

五、人归自然——古朴的葬俗

苗族人死后，要归于自然，与自然同在。

苗族老人临终时，子女都要守在身边等老人落气。如果死者落气时，没有子女候在身边，则视为子女不孝死者不贵，苗族人叫“背床死”。人死后要鸣枪或放炮，一是为死者送行，二是知会全寨和房族亲友。然后，为死者剃发、沐浴，穿寿衣，停尸于堂屋或火塘边，供亲属吊唁。等择定吉日吉时和墓地后为死者入棺送葬。有些苗族社区在为死者入棺时，要将纸钱握于死者手中，或含于口中。据说，那是给死者灵魂回东方故土路上的“买水钱”。有些地方不选择时辰，死者落气后，通知房族亲友为死者送葬，时间不过当日。

送葬时要请鬼师给死者“开路”，交代亡魂去处。在为死者“开路”时，有的鬼师从开天辟地讲到人类起源，再历述祖先来源和迁徙

经过，要亡魂随着祖先迁来的路线，一程一程地回到苗族祖先居住的故土，和祖先亡灵团聚。出殡时，孝子拿着弓箭或刀剑，背着为死者准备的酒米走在送丧队伍前面“开路”。意为祖先是辟山开路，披荆斩棘、除妖降怪迁徙而来，所以老人亡故，亦要为其扫除障碍，使亡魂能顺利回到祖先故地。贵州清水江流域的苗族，开路者为死者把酒米送达墓地，头不反观，立即从另外一条路返回。其他送葬的人按巫师择定的吉时为死者下葬，下葬时重新把棺盖揭开，重新给死者整理好衣冠，修正尸首。巫师用茅草在棺上里外清扫，口中念念有词：活人走出来，死鬼走进去。之后，将酒和米分别埋在棺材的左右，并告诉死者酒米放置的地方，覆土为墓。到傍黑时分，安排一些人前往死者墓前背一颗石头回家，回来的路上不断呼喊着死者，走在最前的人呼喊，走在最后的人回应，直到把死者的灵魂安放在神位上。过去，由于经济落后，财力薄弱，加上苗族没有文字，苗族墓葬没有墓碑。现在，苗族墓葬基本上都有墓碑，以汉文为铭。

苗族的丧葬习俗各地有别，形式有异，但基本形式大抵相似。最常见的有土葬、洞葬、悬棺葬、树葬等。

土葬习俗，在苗族社区最为普遍，历史悠久，沿袭很长。现在，在苗族社区基本上实行土葬。土葬主要用木棺，在黔中地区也有用石棺。葬式有顺葬和横葬两类。横葬是一种极古老的葬俗，头东脚西，过去主要流行于黔西北、黔北、川南的苗族中，现在还有部分人家采用这种葬式。也许，这与苗族的迁徙有一定关系。

洞葬是人死入棺之后，将其灵柩停放在天然的溶洞里。这类葬法主要流行于贵州的贵阳、惠水、龙里、贵定、平塘、都匀、独山、罗甸、平坝、长顺、紫云、望谟等县市，广西南丹县的部分苗族和湘西沅水和重庆酉水流域的苗族社区也有这种葬俗。近年来在民族考古研究中发现了这类葬法的大量遗址，贵州省长顺县交麻乡的天星洞，平坝县齐伯乡桃花村的棺材洞，龙里县摆省乡果里村的梅洞，贵阳市高坡乡甲定村的龙打岩等，是其中几个大型的洞葬群，除朽榻不可计数外，可辨认的灵柩在百具以上，多的达五百余具乃至千余具。这些洞葬的历史，基本上在清代以前。20世纪50年代，仍有个别人家保留这种习俗。现在，这种葬法已经不再沿袭。

悬棺葬是人死入棺后，把灵柩存放在悬崖绝壁的缝隙中，或在悬崖上打洞插上木桩，将灵柩横放于上。早在唐代，五溪地区就有这种葬法的记载。苗族作家沈从文在《箱子岩》等文章中，也有过类似的描述。明代时黔中南地区苗族还普遍实行这种葬法。到清代逐渐减少直至消失。据说，在古代，苗族人在迁徙中，他们把先辈的遗骨暂放在高高的悬崖上，头向东方，希望他们能够重返家园、让他们在故土上安息。

树葬是人死后用树皮包裹起来挂在树上，或用棺木装敛起来架在树上。贵州省剑河县太拥乡的一些苗族社区对非正常死亡者采用这种葬法，等秋收后，方将死者和棺材火化，进行土葬。而贵州省从江县岜沙苗族的树葬，则与上述树葬绝然不同。岜沙苗族在人出生时，父母都会为他种一棵树，寓意一个人生命的开始。当那个生命结束时，人们将这棵树砍来做成棺材，把死者放进棺材入土下葬，之后在埋葬死者的地方种一棵树，表示他的生命以另一种形式再生和延续。

第五章

从游方到结婚

第一节　自由的婚恋

一、关于仰阿莎的传说

有一条流淌着故事的河流叫清水江。这条河流穿流于苗岭山区，当她唱着动听的歌谣急匆匆地奔向贵州黔东南境内的时候，秀丽的青山为她孕育了一个美丽的故事。这个故事就是仰阿莎的故事，这个故事与爱情和美紧密关联。

这是一首传唱不衰的歌，也是一个传说不朽的故事。黔东南的苗族古歌里有“最美仰阿莎”之说。《仰阿莎》神话叙事长诗是苗族集体智慧的创作，主要流传于贵州省黔东南清水江流域和都柳江流域的苗族社区，覆盖黔东南的剑河、台江、施秉、黄平、凯里等县市，仰阿莎意为井水姑娘。她是天与地孕育的女儿，从井里诞生后，长得美丽绝伦，世间的青年都喜欢她，各种鸟兽都非常仰慕她，一一赶来和她游方，追求她的爱情。但美丽善良的仰阿莎只和他们友好相处，却没有接受他们的爱情。歌中唱道：“我们来看仰阿莎，头发像丝线，面庞像茶泡，眉毛像竹叶，牙齿像白银，褶裙像菌子，裙脚像瓦檐，腰带像鱼鳞，身上的花衣哟，像孔雀开屏。仰阿莎啊仰阿莎！八个江牛的姑娘，无人比得上她，九个江牛的青年，个个想爱她。”

后来，往乃（太阳王子）看中了仰阿莎，指使乌云给他做媒。乌云施展种种手段，花言巧语说动仰阿莎，仰阿莎嫁给了太阳。可是，商人兼理老的太阳见利忘义，他并没有把美丽的妻子放在心上，为了名利，整天整月在外面奔跑，一连六年不归家，仰阿莎就这样寂寞而又痛苦地生活了六年。当初，仰阿莎满怀幻想希望太阳回到她身边来，但自私自利的太阳除了把仰阿莎当成财产留在家里外，对她不闻不问。仰阿莎在苦苦期盼中对太阳的美好幻想破灭了。在太阳家里，唯一和她相处的人就是月亮。月亮虽说是太阳的弟弟，但实际在家里是太阳的长工。月亮勤劳诚实，很同情仰阿莎。一天天砍柴给仰阿莎烧，对仰阿莎真诚地照顾。仰阿莎不仅在月亮身上得到了她不曾得到过的温暖，而且也从月亮的身上看到了她所幻想的爱情。后来，她终于爱上了诚实的月亮。他俩冲出太阳的权贵门第，逃到很远的地方去结为夫妻。太阳回家时，得知妻子仰阿莎与月亮逃走了。它请来了天下的理老评理，个个都说仰阿莎和月亮是情投意合的姻缘，判定仰阿莎和月亮做夫妻，但月亮要赔偿太阳三船金三船银和一半江山。从

苗族少女

此，月亮才在河边走，太阳在山岭上行。

二、自由的婚恋

“关关雎鸠，在河之洲。窈窕淑女，君子好逑。”[①] 这是《诗经》中的诗句。用这首诗来形容苗族青年恋爱，也是恰切不过的。苗族是一个情感丰富的民族，也是一个感情含蓄的民族，对于爱情与婚姻，他们有自己独特的观念和形式，他们既憧憬着美好的爱情，自由而浪漫，却又操守着严格的伦理和道德。他们在长期的生产和生活中，积累了丰富的人生经验和文化理念，这些理念引领着他们对事物进行认识和审美，并从符合他们的审美需求中，探索出一套健康向上的爱情观和婚姻观。

苗族崇尚自由的婚恋。苗族青年的社交方式和社交场所，都是相当规范和公开的，而爱情却深深地藏在青年男女的心中，即使是心仪已久的心上人，他们也只能婉转地以歌传情达意，表示爱慕之情。他们在恋爱之初，一般情况是对于上辈进行规避的。只有到了要走向婚姻殿堂时，他们才向长者挑明，叫长者请人说媒，实际上是履行一种礼俗。爱情已经在青年人的身上播下了种子，只要长辈出面为他们筹办婚事，他们就像秋收一样，要开镰收获他们的爱情之果了。

游方，是苗族青年最常见的社交方式。而游方又是青年男女选择意中人的重要活动。在苗族社区，每座苗寨都有游方场，大的苗寨甚至有多处游方场。游方场大多设在村头寨尾，古枫树下，一头连着村寨，另一头连着田野。游方主要是青年男子从自己的村子走向另外一座村子找姑娘唱歌，或者在同一座村子与另一个族姓的姑娘唱歌。当飞歌唱起来时，歌声里会听到苗族青年委婉地自报来自哪一座村寨或

---

① 《诗经·周南·关雎》。

哪一支族系。姑娘们听后，打扮梳妆，结伴而行，走向游方场与苗族青年唱歌。于是，从相识到相知，从相知到相爱，许多美好的姻缘就在游方场上缔结了，唱歌成了苗族青年恋爱婚姻的媒介。

苗族青年对歌

不同社区的苗族支系，其婚恋形式也有所区别。生活在贵州黔东南剑河县的稿旁支系苗族，青年游方除了白天在游方场上唱歌以外，夜间，苗族青年会登门请姑娘唱歌。农忙季节过后，夜色浓浓地笼罩着美丽的苗乡。苗族青年从田间走出来，迎着山风走向另外一座村寨，在一家姑娘家门外唱歌，歌的内容是对姑娘的赞美，请姑娘来与他们唱歌。苗族姑娘仔细听后，从歌声里辨别出来自何方的青年，或者白天已在游方场上认识，而且心中有意，姑娘会悄自从后门走出去，邀约自己的伙伴到家来与青年们对歌。如果姑娘无心，便由长辈婉言推辞，青年们听到谢绝后又走向另一家或另一寨唱歌。歌到深处，夜已深沉，长辈都入睡了，姑娘会邀请唱歌的青年走进自己家的火塘边，大家烧着熊熊的旺火，围着火塘唱歌。在长长的对歌过程中，苗族青

年男女含情脉脉，有意者互相传递着秋波，浓浓的爱意正燃烧在年轻人的心坎上。直到黎明时分，男女青年才依依惜别，约定下一次唱歌的时间后，以歌相送，各自回到自己的家，把爱情深深地藏在自己的心底。爱情就这样甜甜蜜蜜地滋润着苗族青年，直至走向婚姻的殿堂，成家立业。而革东支系的苗族青年游方，地点只能选择在游方场上。苗族青年来到姑娘们的村寨，口中吹着呼哨。姑娘们听到呼哨，呼朋唤友，结伴而行，走上游方场与小伙唱歌，谈情说爱，选择自己的人生伴侣。

苗族姑娘

苗族许多节日活动，除了祭祀和特殊意义而外，也是苗族青年进行社交的时机。过年是长长的恋爱季节。生活在贵州省清水江畔的剑河、台江、施洞的部分苗族支系，正月初二以后，苗家青年就走出家门，去向姑娘们讨米粑，借讨米粑来寻找自己的爱情。而稿旁支系的苗族青年，新年过后，正月初二开始，他们就会成群结队走村串寨与姑娘唱歌，直到春耕来临，他们才收下那颗火热的心，带着爱情走向春天的田野。一个春秋度过，他们的爱情就酿得透熟甘醇了。姊妹节、三月三、六月六等节日，实际上也是苗族青年对歌谈情说爱的节日，尤其是流行于贵州黔东南剑河、台江、施秉等县苗族社区的姊妹节，苗族姑娘在姊妹节中邀请苗族青年吃姊妹饭，在吃姊妹饭中深深地蕴藏着爱情的因子，所以，有人把苗族姊妹节誉为东方情人节。此外，许多集会活动或逢场赶集也是苗族青年自由对歌、谈情说爱的美好时机，有些地方还有专门的歌场。20 世纪 80 年代，在苗族社区，每每逢场赶集，苗族青年都会打扮一新，来到集上，他们的主要活动就是寻找姑娘唱歌。每每集近尾声，阳光缓缓地照在原野上，人们络绎回家时，三三两两的苗族青年或站或坐在田垄上，自由对歌，谈情说爱，一把把红油纸伞撑在姑娘们的头上，映出红红的脸庞，排列成一道道美丽的风景。或者，远远地看见苗族姑娘在河流边，或小路上，向对岸的苗族小伙挥动着洁白的手巾，正如现代歌曲唱道：对面的女孩看过来！看过来！

20 世纪 90 年代以后，尤其是 2000 年之后，苗族社区这种纯洁而情趣盎然的游方场景渐渐消亡了。苗族社区受到各种文化的影响，文化的交叉共存成为苗族社区的事实，苗族青年选择游方寻求爱情的方式越来越少，很多年轻人也不会唱苗歌了。苗族青年的恋爱已经趋向直白和直接化，爱情的表达也不再犹抱琵琶半遮面了。

三、圈里圈外话婚姻

苗族婚姻是一夫一妻制。过去，苗族社会有一夫多妻的情况，这种情况通常发生在不能生育的家庭，这些家庭因不能生育，男方要另择配偶，以延续后人。中华人民共和国成立后，重婚已属违法行为，苗族社区一夫多妻情况已经绝迹。过去，苗族基本在同一支系内进行通婚，形成自己的婚姻圈。同一支系的风俗、服饰、语言、禁忌，生活习惯等相同，有基本的文化认同感，在支系圈内通婚，家庭和睦幸福。苗族不同区域的不同服饰，其实是代表来自不同婚姻圈的支系。只有那些长期出门在外，或者在婚姻圈内难以嫁娶的人，才与婚姻圈外通婚。现在，随着人口流动的加速，苗族青年的文化结构发生了很

大的变化，婚姻观念也发生了很大的变化，与婚姻圈外的通婚现象已经十分普遍，族外通婚现象也成为一种新的婚姻存在。

苗族的婚姻形式，一般有姑舅表婚姻、包办婚姻和自由婚姻等。姑舅表婚姻是苗族舅权制的残留。在苗族社区里，有歌唱道："湾湾田最深，娘亲舅最大。"过去，如果舅家生有男孩，姑母家养有女子，只要年龄般配，舅家来求婚，姑母家则无条件同意。这就是人们常说的苗族"还娘头"婚俗。如果姑母家拒绝舅家的求婚，则视为违背古规，轻则疏远亲情，重则断绝往来。所以，现在的苗族社会，女子出嫁时仍然要送将钱[①]，将钱的多少由姑娘的舅家酌定，舅家收取，新娘的婆家送出，意为媳妇应当是舅家的，现在姑娘嫁了新的婆家了，新的婆家要用将钱来赔偿舅家。

包办婚姻为父母媒妁说合，父母主办的婚姻。在过去，包办婚姻是年轻人互不相识，或互不了解，没有谈过恋爱，双方父母私下为儿女许下的婚约，或者由第三方说合，一般是男方请与对方认识或是对方亲戚的人做媒，到女方家去说媒。待女方探明男方的情况，若对男方满意，媒人再次登门说媒时问答之间总会留有余地，但往往不是一锤定音。姑娘的家长一般都会说：一锄头挖不出一口井。待媒人多次登门之后，女方父母才同意了这门亲事。男方挑着礼品去女方家，女方家备酒肉招待，喜吃新酒。之后，议定礼金，确定婚期，完成婚事。夫妻感情在婚后慢慢培养，日之月久，共同生儿育女，度过平平淡淡的人生。

自主婚姻是男女双方在游方过程中产生爱情而结成的婚姻，这种婚姻形式在苗族婚姻中最为常见。苗族青年男女在自由恋爱过程中，双方相亲相爱，他们在游方对歌中的深情脉脉，离别之后寤寐求之，日之以久，他们会在甜蜜的恋爱中为自己定下婚约。到了要结婚的时

① 将钱，苗族婚姻中的赔舅爹礼。

候，才把自己的心思告诉父母，征求父母支持之后，由父母来为他们筹办婚事。这种婚姻形式，使家庭生活幸福美满，夫妻之间心心相印，白头偕老。

四、有趣的结婚仪式

苗族崇尚自由的婚恋，其婚俗丰富多彩，妙趣横生。苗族结婚仪式，崇尚节俭，但婚事办得隆重而有礼节，喜庆而浓郁。苗族青年男女经过恋爱情投意合后，男方父母便请媒人带着红油纸伞和鸭子上女方家说媒，实际上双方父母已经同意了这门亲事，说媒只是履行一种礼仪，之后选择吉日为青年筹办婚事。

苗族拦路酒

结婚仪式一般分为两种，一种叫大婚礼，另一种叫小婚礼。

大婚礼是一种全面公开的结婚仪式，婚礼办得特别隆重，客人来

得特别多。这种仪式主要表现在比较有财力，而双方青年情投意合，父母也同意的人家。大婚礼选择在白天举行。结婚的前一天，男方把结婚用品送到女方家过目。这些迎亲礼中，有一对又大又圆的糯米粑粑，用特制的竹架挑着。这对大糯米粑表示结婚后新郎新娘团团圆圆，丰衣足食。婚期当日清早，新娘身着美丽的盛装，待吉时一到，由长兄背着跨出门槛，从女方家出发，在房族兄弟的护送下，缓缓地走向男方家门。路上遇到过桥，兄长也要背着妹妹过桥，或者牵着妹妹的手过桥。当天，男方家做好一切迎娶新娘的准备，设拦路酒、拦门酒，安排接礼物的人，安排唱酒歌的人，安排放鞭炮的人，总之，周到热情，不失礼节。送亲的队伍来到村口，一道拦路酒拦在路上，翠竹编成的拱门下，一只牛角挂在中央，迎亲的队伍手持牛角酒，为送亲队伍唱歌，而送亲队伍一边应答一边喝下那杯牛角酒，互相道喜之后一个个地从竹门下通过。来到新郎家门口，一道拦门酒又横在那里，迎送双方又一阵酒歌唱和之后，才能走进家门。新娘娶回家后，长者主持仪式，酒宴就开始了，新娘一一地向长辈和宾客敬酒，并接受大家的祝福。主客之间尽情畅饮，纵情放歌，欢乐响彻苗寨上空。

小婚礼仪式有多种多样。男女青年在游方中恋爱，情投意合，要结为夫妻，但女方父母不同意，或者双方同意了，但双方经济条件都不很好。这种情况，通常选择小婚礼仪式。小婚礼仪式选择在夜晚迎娶，这种仪式又叫抢亲。迎娶之前，男女双方共同商定了抢亲的时间和地点。黑色的夜是充满吉祥的，也是充满魅惑的。男方按照约定的夜晚，带上几个要好的伙伴，去迎娶新娘。那时，新娘早已穿戴一新，在一些姊妹的护送下，在村口等候着。几个青年把新娘迎娶回家，快进家门时，以鸣炮知会房族亲友，于是众多房族亲友纷纷前来祝福。同时，男方家派两个能说会道的人带着礼物去女方家说明情况，赔礼道歉，女方家也会斥责和吵骂几句，接着便收下礼物，把男方背去的鸭子宰杀，招待来人，之后按照苗家礼俗把婚事办好。若女方父母不接收礼物，则表示仍然不同意这门亲事，男方派去的人只好带着礼物回来，过后再择吉日，请能说会道的人前往，直到女方父母接下礼物，才算同意这门亲事。

苗族拦门酒

无论大婚礼仪式，还是小婚礼仪式，新娘被迎进家门之后，男方要选择吉日送回娘家，新娘回到娘家，娘家又按风俗办酒请客，之后再选择吉日把新娘送到男方家，男方再备办一次隆重的酒宴，一桩美满的姻缘就这样缔结了。有些苗族地区，新娘从夫家回门之后，一直住在娘家，若遇农忙或节庆，男方才安排姊妹把新娘接回来，农忙或节庆过后，新娘又要返回娘家，直到怀有身孕，要生孩子了，才到男方家与丈夫一起生活。这就是苗族婚姻中的“不落夫家”习俗。

第二节　幸福的家庭

一、生活在大家庭里

苗族聚族而居，一座村寨有一个或几个房族，这些房族的落居有先有后，先定居者和后来者享有同等的权利，山林土地，阴地阳宅，既有公共，又各有其属，全寨人和睦团结，同心同德。过去，苗族家庭不提倡分家，四世同堂的家庭并不鲜见，有的大家庭人口多达数十人。生活在大家庭里，全家人分工明确，勤劳致富，尊老爱幼，公平分配和享受劳动果实，和睦相处。谁家人口越多，家庭越大，相处越和睦，谁家就成为苗族社区的一种美德和交口称赞的模范户，也成为苗族社区的望族之家。无论是嫁女娶媳，生儿育女，或者其他喜事，都会得到更多的亲友前来贺喜，一家人成为令人瞩目和羡慕的标杆。

苗族姑娘喜欢嫁进大家庭里做媳妇，成为大家庭里的一员。在大家庭里，新媳妇会得到更多的宠爱和照顾，也会感觉有更强大的精神和物质依靠。在苗族大家庭里，通常由老人主事，老人享有最高的权力和最大的威望，大小事务都能持公平公正的态度。从生产劳动，到家庭建设，从走亲访友，到其他的外事活动，老人都会秉持公心，合理分配。特别重大的事务，老人都要召集成年的家庭成员商议决定。生活在苗族大家庭里，全家人心往一处想，劲往一处使，使家庭不断兴旺，红红火火，人人都会享受到更多的温暖，其乐融融。

在财产管理和人事管理上，苗族大家庭也有一套潜在的管理规则，虽然没有文字规定，但在苗族社区自有其道德准则和习惯规则，人人自觉遵守古规，个个自觉操守道德。生产的粮食和其他财富集中管理，男主外，女主内，全家人共一套锅煮饭，同一张桌进餐，并由人专门负责对外买卖东西，事后要公开账务，明细收支。苗族大家庭的生活范式，能带动苗族社区一般其他小家庭的效仿，建设理想大家庭，成为苗族社区的一种美好愿望。

家庭中的关系，一切从尊敬老人，爱护小孩出发，而以维护团结和睦为目的。日常生活，忍让互爱。言行举止，亲善文明。如果家庭成员之间意见发生分歧，兄弟之间发生争议，姑嫂妯娌发生争吵，主事老人必须秉持公心，召集家庭会议，调解所有矛盾。家事，一般只能在家里解决。亲属中的关系，一般以同宗的兄弟及姑舅表最亲，一人的亲友网络，全家人共同往来，远近亲疏，新亲旧戚，分寸有别，有礼有节。

二、树大分丫，人大分家

苗族有句俗话："树大分丫，人大分家。"苗族虽有崇尚大家庭的心理诉求，而且在人类历史长河中，形成许许多多四世同堂的大家庭。和睦的大家庭成为人们崇慕和建设的家庭模式，成为家庭兴旺发达的一种象征。但随着苗族社会的不断发展，一些家庭矛盾促使人们形成了新的认识，于是有了"家不分不发"的家庭理念，分家成了每个家庭的必然。

分家是指子辈家庭从父辈家庭中独立出去的过程和状态。苗族家庭分家，一是分火塘，即子辈成家立业以后，脱离父辈家庭另开火塘，另立户头，独立成家。兄弟几家人可以共一个屋檐，但火塘分开，分户生产，独立生活。二是分割财产，即家庭财产在子辈之间进行彻底分割。财产划分包括屋舍、土地、森林、田地等。但分家不分鼓社，共有祖坟、墓地和桥梁等。分户和财产分割通常是一次性完成。分家时，请房族中的长老参与，把原来大家庭的基本情况摆到桌面上来，财产按户均分，明确赡养父母的义务。分家除了分开门户之外，就是财产的分配传递，把过去的大家庭按兄弟人数分成多个独立的经济单位。分家时，如果家

里尚有未嫁娶的弟妹，则要留出一些财产，作为弟妹嫁娶的备资。

苗族家庭分家后，老人一般与幼子居住。老人虽与幼子居住，但由大家共同赡养。如果幼子经济状况差，父母也可以选择与另外一个儿子居住。在分家产时，老人所分得股份一般转移到共同居住的儿子名下，作为供养老人的物质保障。节日或有客来访，家里备办有好吃好喝的酒菜，分了家的儿子都要请老人去陪，主要是让老人与大家一起分享节日的欢乐。当老人到了临终时刻，卧病在床，所有儿子都要轮流陪守，直至老人终老，共同为老人送终。

苗族家庭一般由父亲做家长，负责管理整个家庭的事务，父亲年老或去世则由长子继任家长的职务，如果长子尚幼，则母亲做家长。如果父母去世，哥嫂有义务抚养未成年的弟妹。

三、大家一起来祭鼓

在苗族社会里，一个房族会有几十户到百户，有的大房族会多达几百户。这些房族，原本也是一个大家庭，由一个大家庭分离出来的。过去，这些房族以户为单位，共一个酒堂。后来由于房族发展壮大，人口众多，经过房族商议，又把一个酒堂分为若干酒堂。共一个酒堂的人，在房族里是血缘最近的人，只要其中一家有红白喜事，整个酒堂的人都要共同参与，一家有客大家陪。但这些酒堂都属于一个鼓社，每遇重大的祭鼓活动，都要召集全房族的长者一起议榔，筹办祭祀活动，大家一起来祭鼓。

房族中，无论共一个酒堂，还是已经分了酒堂，他们都同宗共祖。所以，每一个房族，都会共有一处坟山。每到清明时节，苗族人上坟扫墓，房族各户都要祭祀一座共同的坟墓，之后才来祭祀其他以后的坟墓。越往后者，为血缘最近者。

在苗族社区，有个别族姓的外来者，由于势单力薄，他们也会选择寨上一个大房族作为自己的房族。在开展祭鼓、扫墓、招龙等社会活动时，他们就是这个房族中的一员，和房族的所有人一起来筹办。他们与这个房族即使没有直接的血缘关系，但在房族的各项利益和风险之前与其他人一律平等，享有相同的权利和义务。

四、远亲不如近邻

苗族是一个和平友善的民族。苗族人大多居住在山区，长期与大山休戚与共，使其养成像大山一样粗犷豪放、刚正不阿的性格。此外，由于苗族身居深山，过去，苗族地区交通阻隔，与外界交流很少，他们与其他民族相濡以沫，关系十分融洽和睦。

从苗族人口的分布来看，苗族与其他民族杂居的情况很多，而毗邻民族基本上是汉族、侗族、布依族、瑶族、壮族、彝族、土家族等。苗族与这些民族的关系密切，往来友好，从未发生过重大的纠纷。在与这些民族杂处中，苗族民众持远亲不如近邻的态度，弘扬一方有难八方支援的美德，当有外敌入侵时，苗族与其他兄弟民族总能团结一致，共同对敌。在战争年代，当兄弟民族面临危难之时，苗族人与兄弟民族总能站在一条战线上，抵制不公平的待遇。在几次大规模的苗族抗清起义中，各兄弟民族都能够并肩作战，与不公正的政府抗争到底。这是最明显的例证。

苗族社区内部，远亲不如近邻的关系更为突出。苗族社会以团结和谐为目的，邻里之间和睦相处，一家有难，大家相助。如果邻里与别人发生纠纷，大家总会主动调解，在尊重民族习惯的基础上，大事化小，小事化无。如水资源的纠纷，财产分割的纠纷，邻里之间总会在讲事实摆道理中得到妥善解决。如果造成他人人身伤害，按苗族社区习惯法由侵权人请酒赔礼，并承担医药费用等。因此，在苗族社区，能够看到人与人之间和谐相处，事与事之间和平解决。

第三节　离婚有约

一、离婚的理由或者前提

苗族青年从游方谈情说爱，到缔结婚姻的过程，是一个对夫妻恩爱，过着幸福美满生活的一个追求过程。结婚，意味着一个年轻的家庭建立了，夫妻双双就要通过自己勤劳的双手，共筑一个幸福美好的安乐窝，生育儿女，延续后人。苗族青年通过自由恋爱，结为夫妻后，一般不会离婚。即使夫妻有隙，互相争吵，亲友一般都会劝和而不劝离，因此，苗族离婚的情况很少。只有生活受到极大的阻碍，夫妻生活不能继续的情况，才来解除婚姻。在传统的苗族婚姻观念里，离婚是一种无奈的选择和行为。

苗族人离婚的理由和前提是什么呢？

在苗族社区里，夫妻解除婚姻的理由和条件，说起来也很简单。其主要原因和理由，一是婚后不能生育，或不生男孩（旧时）；二是有通奸行为；三是有虐待行为；四是不孝父母或其他理由和条件。

苗族家庭对生儿育女十分重视。一对青年结为夫妻后，父母亲都会盼望着小夫妻早生贵子，延续后人。如果两人结为夫妻之后，在长时间里不能生育，则双方走向离婚的可能性很大。其原因不仅来自父母的压力，也来自社会的压力，夫妻双方也觉得低人一等。有些家庭只生女孩不生男孩，这在旧时苗族社会里也极有可能走向夫妻离婚的结果。苗族虽然提倡男女平等，但在苗族人的观念里，一个家庭不生养男孩，就意味着这对夫妻不能延续香火，只有通过离婚之后重建家庭来解决。其次，夫妻行为不轨，与婚姻之外的人有通奸行为，造成夫妻不和，也将导致夫妻离婚。在苗族社会里，有“脚不踩夫席，头不靠夫床”或“米不给媳舂，水不给媳挑”之说，这是苗族夫妻感情不和而提出离婚的主要理由。另外，夫妻因性格不合，长期打架或虐待，或不孝父母等行为，造成夫妻感情破裂，家庭不和而提出离婚。

过去，苗族社会的婚姻受习惯法的制约，不愿通过国家的法律程序来判决离婚，基本上通过理老出面，协议离婚。但实质上，离婚大多是男性一方的意志，男性往往都把家庭不和的责任推向女性，把不生育、无男孩、与人通奸、不孝父母等行为归结于女性，所有的离婚原因都由女性来承担。离婚对男性而言是自由的，而女性则听天由命。中华人民共和国成立以后，苗族社会发生了很大的变化，婚姻观念也随之发生了很大的变化，婚姻礼俗有了很大的变革、保持了苗族婚姻的自由恋爱、婚礼简约等优秀传统和特征，摒弃了违背现代文明的婚姻礼俗，苗族离婚遵守国家的法律，实现男女平等。

二、有趣的离婚习俗

离婚是解除婚姻关系的行为，标志着夫妻之间的权利和义务关系已经消除。现在，在苗族社区里，家庭不和睦，夫妻感情破裂，男女双方均依照法律提出离婚，由国家民政部门或法律机关调解或判决离婚。过去，在传统的苗族婚姻习惯法里，离婚方式各地有别，离婚习俗各有不同，饶有趣味。

在过去的苗族社会里，离婚的方式虽然各地有别，但总的来说，其特征基本相似。一是男女双方家庭内部按古规调解，即男女双方约定时间地点，请家族中有威望的长者集中开会调解。调解离婚时，以提出离婚者满足对方索赔为前提，双方在提出的条件上从争论不休到摆事实讲道理，最后依据古规或过往的离婚先例定下赔偿的标准。赔付兑现后，婚姻关系即解除，互不干涉。有的苗族社区，男方提出离婚，除不得索回定亲的礼钱之外，还要付给女方一笔赔偿礼。女方提

出离婚，必须付给男方相当于定亲时的礼钱和结婚时的费用的总值。二是除男女双方亲属代表以外，必须经过寨老进行调解，寨老既是调解人，也是离婚证人，若两人离婚后有财产纠纷，寨老可出面作证，按照离婚协议为凭，进行善后调解。离婚的赔偿方式和标准与双方家族调解的标准相同。三是破竹离婚，即双方家族代表在理老的主持下进行调解，听取双方陈述自己的理由，最后由理老裁决，对达不成和解而又决意离婚的夫妻，理老将一竹筒刻上花纹，用刀劈成两半，一人持一半为凭，即可解除婚姻。

离婚以后，男女双方互不干涉对方的生活，女子可以再嫁，男人可以续娶。

第六章

猎耕生产与苗族经济结构

第一节　从狩猎到游耕生活

一、狩猎与游耕

围山打猎，见者有份。近水知鱼性，入山识鸟音。这是对苗族狩猎生活的真实写照。苗族大多居住在远离城市的边远山区，聚族而居，寨自为治。其居住环境以山居为主，高高的山峰，深深的谷地，林木蓊郁，鸟兽来飞，白云生处有人家。民间有句俗语“高山苗，水仲家，仡佬住在石旮旯”，说明了这种居住格局由来已久。苗族这种生息地形，阻碍了苗族与其他民族的交往，形成一个相对封闭的生存环境。此外，苗族在历史长河中一直处于迁徙动荡的状态，为了生存，人们总会四处奔突，开辟家园。因此，苗族村寨长期处于自然经济状态。深山可耕土地少，再加上地形及气候原因，山地贫瘠，生产力低下。在这种条件下，狩猎与游耕就成为苗族长期以来的生存手段。中华人民共和国成立以后，这种状况才得到改变。

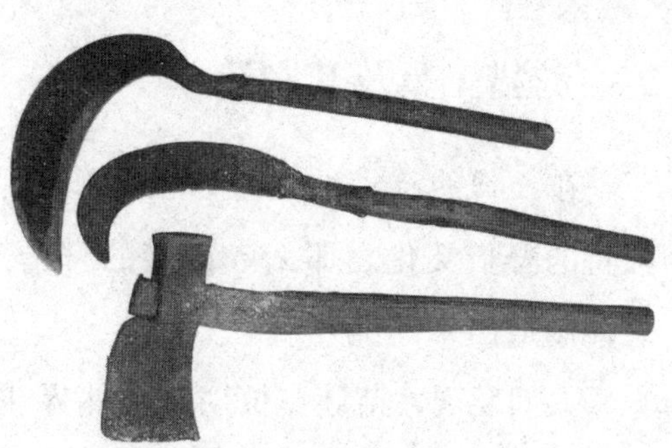

苗族人用的斧头、镰刀、柴刀

苗族的狩猎方式很多，从猎取对象来看，上山可追猎打鸟，下河可捕鱼捞虾。从捕获手段来说，有围山、下套、布夹、挖陷阱、放网、下钓、安篓等。从捕猎的规模来看，有集体狩猎和个人捕猎。集体狩猎是苗族社区的一种集体捕猎行为，捕获的对象一般是大型动物，如野猪等。有时下河捕鱼也会全寨出动，全寨出动实际上就是药鱼。全寨人第一天晚上准备好药料，第二天一早男女老少下河，将药料投入河中，吸入药水的鱼群晕头乱蹿，捕鱼人用竹篓捞取。等药效一过，小的鱼苗吞吐清水后又自然复活。围山打猎，见者有份，一般是追捕大型的动物如野猪，除猪头归击毙者个人所有之外，其余部位见者有份，人人均分。下河药鱼则为集体行动，各取所得。个人捕猎，即个人的捕猎行动，进山下套、布铁夹，下河放网、下钓，基本上都属于个人狩猎行为，多则两三个最要好的亲友。数天之后进山或下河收猎，猎获者独自享有。狩猎既是一种生存手段，也是一种娱乐活动。苗族人身体强壮，身手敏捷，与其生活的环境和劳动的方式有着密切的关系。

游耕是苗族的一种耕作方式。随着苗族社会的发展，狩猎已经不能满足生存的需求，而只能是生存手段的补充。苗族生存手段主要依靠耕作，苗族就成了中华民族中最早的农耕民族之一。但历史上的苗族居无定所，社会动荡不安，因此，游耕成为苗族的一种重要耕作方式。游耕时代，苗族的耕作形式基本上是刀耕火种，其耕作规模自然是群体劳动和个体劳动相结合。集体劳动者，成果均分；个体劳动者，个人所有。

二、狩猎工具及其制造

在长长的狩猎生涯里，苗族积累了丰富的狩猎经验，形成了一些独特的狩猎文化。那么，苗族的狩猎工具主要是什么，他们的工具是怎样制造出来的呢?

人们发现，苗族在长期与自然界斗争中，发明了很多狩猎工具，最常见的狩猎工具有火药枪、弓弩、脚套、颈套、铁夹、网具、地弩、弹弓、钓钩、粘膏等。从某种意义上来说，猎狗和鱼鹰也是苗族的捕猎工具之一。现在许多苗族村寨还残存着狩猎遗风，每到冬季时节，特别是年节期间，全寨人带着猎狗，走入山林，狩猎为乐。或者，全寨人走向河流，临溪而鱼。如果猎获，全寨人分享，又有凝聚族群的作用。

苗族猎手能够根据猎取的对象，灵活自如地运用这些工具，扬长避短，十捕九获。有时，多种工具同时并用，猎获更佳。猎狗既是苗族狩猎的主要伙伴，也是苗族捕猎活动的主要工具。在苗族看来，狗的主要任务就是打猎，守家是猎狗的兼职，只有能够捕猎的狗才称得上好狗。所以，猎狗在苗族人的心理上占据很重要的地位，甚至被视为家庭里的重要成员。围猎时，猎狗负责追猎。猎狗有敏锐的嗅觉，其嗅觉能辨别各种猎物。在一片绵延的大山里，林木遮天蔽日。聪明的猎狗钻入林地，穿过悬崖，只要猎物路过，它们都能准确地追踪，咬住不放。经验丰富的苗族猎手一边聆听着猎狗的叫唤，一边在猎物的必经之路等候，只要猎物从山口跑过，火药枪或弓弩举起，猎物就会訇然倒地，百发百中。而鱼鹰则利用高超的泳技和敏捷的身手，准确无误地于深水中捕捉活鱼，因此，生活在水边的苗族人以驯养鱼鹰为荣，家有鱼鹰就是家有财富。其他狩猎工具，各具功能。

狩猎工具的制作并不复杂。猎狗和鱼鹰除了自己的天赋，主要依靠猎手驯养。火药枪利用优质的铁管和坚硬的木柄制造而成，狩猎时

装上铁弹和火药可以向猎物射击。弓弩利用坚韧的木材和弹性极佳的竹材制作，狩猎时，在箭镞上涂上毒药，射向猎物，猎物中箭后慢慢倒地而死。铁夹用铁材制作，两张坚韧的铁片有尖锐的齿，底座是一根坚实的铁圈，在铁圈上安有机关，把两张带齿的铁片压向座板，上好机关，埋在猎物通过的山路上，猎物踏中盖板，机关弹起，两张齿开的铁片紧紧地把猎物夹住，束手就擒。脚套和颈套，是绵韧的麻丝或钢丝制作，结构十分简单，将活套下在猎物通过的路径，猎物套住颈或脚而束手就擒。鸟套则用棕丝编织，以三股棕丝编套娘，在套娘上间隔同等距离安上活套眼，但套眼必为单数。捕鸟时把套拦在林子里，以套鸟颈捕获。网具用细小的麻丝编织而成，安在林子里，猎物从山林里走过时，拉动机关，网具忽然将猎物罩在网内。而鱼网则有拦河网和手网等。这些狩猎工具，都是苗族人在长期的与大自然作斗争中发挥聪明才智而发明制作出来的。

三、饶有趣味的鱼猎习俗

苗族狩猎的方法和技巧很多，根据猎物大小和习性，分别采取猎狗追捕、仿声诱捕、伪装隐捕、脚印追捕、陷阱诱捕、沿路套捕和关口射杀等方法和捕技。在长期的生产生活中，苗族人与大自然融为一体，成为大自然的一员，又不断地与大自然进行斗争，总结出许多生存经验。狩猎就是其中一套系列经验，从而形成了苗族独特的狩猎习俗和狩猎文化。

过去，在苗族社区，每座苗寨都有一个或几个镇山头领。镇山头领就是为狩猎服务的指挥者。镇山头领由全寨猎户共同商定，推举狩猎经验丰富、掌握各种猎物活动规律、为人公道正直的长者担任。镇山头领的主要职责，就是决定出猎时间、地点、对象以及出猎人数和人员分工，就如古代战争一样，镇山头领就是一场战争的指挥者，整个猎队都听从他们的指挥，确保每一次出猎都能猎获猎物，就像指挥每次战役，都能打胜仗一样。

苗族猎手凭丰富的狩猎经验，狩猎时自有一套法则和禁忌。比如狩猎要择吉日，出猎时不说捕猎的话，若在分工时必须要说，也要用隐语。狩猎分为红道日和白道日，牛、虎、马、龙等属相日为红道日，可以出猎庞大凶猛动物；鼠、兔、羊、鸡等属相日为白道日，只能出猎弱小温性动物。苗族人认为，不遵循吉日规矩出猎，不但打不着猎物，还可能出现意外伤害。若是猎捕山货，出门时要祭祀山神，到地形险要的地方狩猎，还要乞求山神庇佑。若是猎捕水货，出猎时，不得说与水有关的话，猎捕之前不得踩水，要等镇山头领下水之后，方下水猎捕。在山中围猎，射中或第一个捕获到猎物的人，赏给猎物的头，其余不论多少，见者有份。水中捕获，各取所得，不用均分。但一般回来后，全寨人常常把所有捕获聚在一起，共进大餐。捕鸟，分为集体合围和个体下套捕获等。

四、犁东耙西大手笔

今天我歇气，
明日犁天下，
犁东又耙西，
犁尽遍天涯。
九十九样种，
一次都播下；
九百九样种，
一次都播下。
……①

① 田兵编选：《苗族古歌》，贵州人民出版社，1979年版。

这是《苗族古歌·犁东耙西》所唱的句子。苗族古歌以奇特的想象和大胆的夸张，叙述了早期人类关于天地形成的认识，同时也展示了苗族农耕文明的初始想象。《苗族古歌·犁东耙西》叙述道：榜香由给修狃[①]驾犁耙犁大地，犁头翻起了一浪浪泥花，高者成了绵亘千里的山脉，低者成为狭长幽深的山谷和广袤无垠的平地，有水的地方变成奔流不息的江河。犁完大地后，犁耙和牛都变成了大山，神兽变成了牛或石头等。这是一曲苗族人关于祖先牛耕生活的颂歌。根据历史考证，蚩尤时代已有了牛。在苗族神话传说里，还有蚩尤用牛作战，用牛耕作，姜央放火烧山，战胜雷、龙、蛇、虎等，这也是对苗族社会早期农耕文明的反映。放火烧山，与苗族人的刀耕火种有着密切的牵连。

苗族人喜爱斗牛和耕牛，与苗族历史是一脉相承的。在苗族民间，许多农用工具都仿照牛的形体来制造，如斧头、弯笆篓、柴刀、刀挂等，苗族人进山伐木，为了不惊动山神，把斧头称为牛。如果在山林里向别人借斧头，不能直接叫斧，借斧时只能说："借你的牛来用！"在苗族民间传说和汉文记载中，反映了苗族始祖蚩尤作战的英勇和农耕文化的有很多。如伏羲教民种谷，蚩尤明于天道，根据日月星辰的运行变化来确定时令，使民知时节，随季节变化进行春播夏锄，秋收冬藏，不误农时。蚩尤不仅用牛作战，而且用牛耕犁等。蚩尤不仅是战神，也是农业神。据说，贵州贵阳苗族每年举行的四月八节日活动，既是为了纪念苗族英雄觉

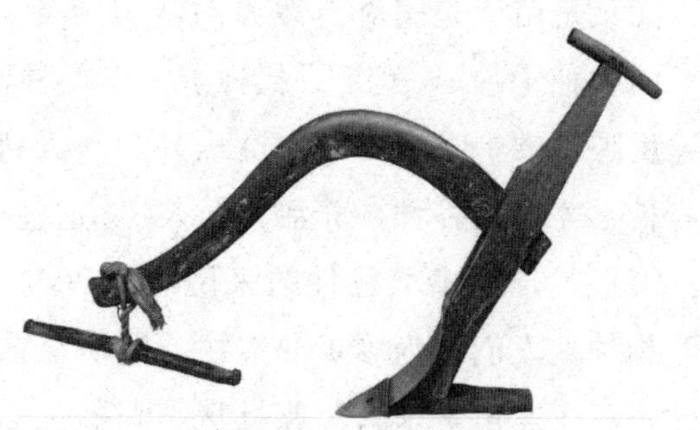

苗族人用的犁具

① 修狃，苗族神话传说中的一种动物，有人说是神牛。

洛央鲁，也是为了祭祀牛王，给牛过生日，表达了苗族对英雄和牛的崇拜。可见，苗族自古以来是一个崇尚农耕的民族，《苗族古歌·犁东耙西》不仅是一种神话叙事，而且也是苗族农耕文明的一种夸张写真，是苗族耕作文化的大手笔。

五、从《种子歌》看苗族耕作文明

《苗族古歌·种枫香树》唱道：要是我们家/播撒稻谷种/竹子箩筐装/栎木扁担挑/稻种装去撒/谷种挑去播/回头看当初/远古那时候/榜香公公家/播撒树种子/什么箩筐装/什么扁担挑？[①] 苗族古歌是神话传说，是苗族人对远古时代天地万物、人与自然、人类生存状况的大胆想象和描述，但从苗族古歌的天地、人物，以及故事的构成来看，它无疑是苗族先民对自然界的认识和与自然进行斗争的折光反映。苗族的《种子歌》，就是寻找种子、获得种子、播撒种子、五谷收成过程的反映。歌中唱道：谁人挑稻种？从天挑种来？偷仓雀挑种，从天挑稻种，才得稻谷种，养活大众人[②]。这些自古流传至今的苗族古歌，以问答形式，叙述了谷种的来历和谷种与人类生存的要义。在苗族民间，物种被人们视为珍贵的宝物，把物种看成是万象存在和延续的根本。

在贵州黔东南苗族社区，苗族人都过吃新节，有些老人在吃新节上唱着《种子歌》，欢跳芦笙舞。这个节日的来历，正印证着人类寻找谷种、种出稻谷的过程。相传古时候，人间没有种子，以打猎为生。为了得到谷种，苗族先民拿着珍禽异兽，费了九牛二虎之力，到天上向雷公换回谷种。从此人间才有谷种。现在，为了纪念谷种的来历，每逢初夏，稻谷抽穗季节，苗族人都要过吃新节。节日这天，家家户户到田间采摘三株新禾，剥开禾心陈于桌上，祭祀完后，全家人都来

---

① 田兵编选：《苗族古歌》，贵州人民出版社，1979 年版。

② 吴一文、覃东平著：《苗族古歌与苗族历史文化》，贵州民族出版社，2000 年版。

品尝。《四川苗族古歌》[1] 里也有谷种起源的歌。由各地苗族对谷种的歌颂，我们可以看到，种子在苗族人的耕作文明中占据着十分重要的位置。种子的获得，应该是苗族耕作文明的开端，种子伴随着苗族的整个社会发展进程，伴随着苗族的整个耕作历史和耕作文明。有了种子才能有耕作的基础，有春天的耕作才能有秋天的收获，从而维系着这个群族的生存，推动着这个族群的发展。

六、关于农耕习惯

苗族的整个历史脉络，是从狩猎到游耕，从游耕到定点耕作的过程。从苗族古歌和文献资料来看，苗族主要农作物有水稻、玉米、麦类、薯类、棉花、油菜、花生、辣椒、黄豆、瓜类、蓝靛等，其中以水稻、玉米和麦类为主要粮食作物。因此，苗族特别喜爱种植水稻、玉米和麦类。

苗族的耕作习惯，除了继承游耕时代的刀耕火种之外，长期的定点劳作，又使他们总结了很多丰富的生产经验，水渠灌溉和水车灌溉成为最突出的耕作方法。苗族人在大山深处聚族而居，一代代繁衍生息，建成一座座古朴的苗寨，他们利用平坦和宽阔的谷湾垦荒造田，夷山为土。田种水稻，土种杂粮和其他农作物。造田，首先要考虑水源。苗族人一般把田开垦在有水源的地方，使之水丰田肥，稻谷丰收。后来人们发现很多宽敞的山腰很适合造田，但又困于缺少水源，由此，苗族人发明了引渠灌溉和水车灌溉。现在，许多山腰梯田层层，都是苗族一代代人们造下来的良田，不仅是生产基地，而且是一道道独特的风景线。引渠和水车这种古老的灌溉方式一直沿用至今。苗族在造田之前，要考察水源，并对水渠进行测设，把

---

① 古玉林主编：《四川苗族古歌》，巴蜀书社，1999 年版。

远处之水引入田中，使农田旱涝保收。另外，有些地方田在高处，水在低处，苗族人又发明了水车，在水车上吊上许多竹筒，河水冲着水车转，竹筒自然舀出河水，倒入水槽，引水入渠，灌溉农田。若是公共的水源，苗族人又发明了科学的分水法，按照田亩大小，用一根木头凿开若干缺口，平埋于水口，水自然分开，平均分配，让每一块田丘各有所得。

苗族是一个勤劳的民族。春天，雨在苗族山区哗哗而下。苗族人披着蓑衣，戴着斗笠，扛着犁耙牵牛下田，把田犁了一遍又一遍。当稻田犁过数遍，田里水汪汪一片时，秧苗也长高了，苗族人又抢着季节插秧。之后，苗族人走向田垄，进行田间管理。田地边的野草长长了，苗族人磨锋坚韧的镰刀把草割得光利利，不要让山猫野鼠来糟蹋庄稼；树长高了，苗族人就会举着锋利的斧头把高出的枝叶清砍，让庄稼充分地进行光合作用。在苗族人的精心呵护下，禾苗一天天长起来，稻田里绿油油一片。秋天，稻田开始发黄，沉甸甸的稻穗挂在稻秆上，苗族人等待着开镰。于是，一个丰收年又填满了苗族人的谷仓。冬天，苗族人除了享受劳动的果实之外，他们的主要劳动，就是维修农田，喂养耕牛，等待着来年的生产。

苗族生活与自然息息相关，他们相信天地鬼神与人类同在，神助的力量无所不在。因此，苗族的农耕习俗也丰富多彩。每于劳动之前，苗族人都有祭祀仪式。苗族人要在山上造田，动土之前必须烧香，祈求自然保佑。春天来临，要下地生产，活路头①必须先下地开活路。播种时，谷种撒下田后，回家杀鸭烧香祈求祖宗保佑。秧苗长了，栽秧之前，苗族人有开秧门仪式。由此，苗族的农耕文化既有科学的依据，又有神秘的色彩，劳动之味与人生之味融于一体。

① 一般是建立村寨的第一户，可以代代继承。

第二节　人与自然融为一体

一、与山林休戚与共

苗族以山居为主，封闭的自然环境养成独特的生命哲学。苗族人与大自然融为一体，与山林休戚与共。在他们的心灵深处，世界万物都有灵性，众生平等。风雨雷电，山川草木，溪流湖泊，鸟兽虫鱼等，都能相通。人，实际上是生活在众神之中。在苗族古歌和神话传说中，人与自然的关系更加密切。人是蝴蝶妈妈的 12 个蛋所生，与雷公、水龙、蛇、虎、羊、大象、野猪等同为兄弟，同宗共祖。天地万物本为一体，都来源于大自然，人与万物和谐共处，生死与共，休戚相关，天人合一。

九摆苗寨

山脉绵亘无疆，溪河纵横其上，茫茫的大森林，是美丽的故乡。从山势崎岖的武陵山脉，到绵亘千里的苗岭山脉，从磅礴乌蒙，到透迤五岭，从大迁徙到聚族而居，在纵横几千里，远隔数千年的时空中，苗族与大山有割不断的缘分。他们常年生活在大山深处，大山养育了他们，他们也感恩于大山。

站在高山之巅，放眼远望，沃野千里。绵延的山脉横亘在蓝天之下。风从岭上吹过，蓝天架在峰巅，蓊郁的森林枝柯摇曳，层层梯田纹在山间，溪河在谷底奔流，永远唱着一首古老的歌谣。苗寨星罗棋布地贴在山上，或遗落在谷底，与大自然和谐相融。当袅袅的炊烟生起的时候，一丝生气缠绕着美丽的苗寨，缠绕着蓊郁的青山，鸡的打鸣和狗的欢叫在苗寨上空汇成一曲动听的交响，之后又融入深深的山野。苗族人长期在深山里，与山林和谐共处，依赖山林生生不息，习惯了山林的清寂，而又感恩于山林的博大无私。苗族人依赖山野生存，在他们的心灵里，山野里的每一株树，每一颗石头，都是灵性之物。苗族人敬畏自然就像敬畏生命一样，当他们为了生存向大自然索取时，无论走向哪一片山林，走近哪一棵树，在他们索取之前，他们都会在心底深处祈祷，获取之后还要感恩。在苗族人看来，山有山神，树有树神，河有河神，井有井神，人与神共同生活在自然界之中，幸福是大自然的赐予，而灾难也是大自然的报应。贵州黔东南岜沙苗族人与树的生命关系，湘西凤凰、绥宁等地苗族的栽保年树习俗，贵州黔东南苗族的祭树为妈或祭岩为妈等习俗，都体现了苗族人朴素的生命意义和人与自然和谐相生的哲学意义。

苗族人走近茂密的森林，或者走向陌生的山野，都不会大声喧哗。苗族人认为，山神和树神以及万物之神都居住在大自然里，人不能去惊扰它们。万物之神被惊扰了，将给人类带来不吉。深山伐木，悄悄入林，树木伐倒了，要用枯叶将树蔸覆盖，以示大树安息；临溪而鱼，捕获鱼多时，要将几尾鱼放回溪河，以求鱼类繁殖更多。总之，苗族人与山林共欢乐，与自然同悲戚，生命与山林永远连在一起。

二、近水知鱼性，临山识鸟音

自然万象，奥妙无穷。感受自然，认识自然，是人类的基本知性。苗族长期生活在山区，与山水有着密切的关联。大自然的变化，寒暑易节，就像苗族人心灵的律动，每次跳动都与生命紧紧联系在一起。近水知鱼性，临山识鸟音，就是苗族在长期的生产生活中认识自然和感知自然的结果。

春来播谷，夏来栽秧，秋来收割。苗族人听懂大自然的音符，听着鸟鸣来划分节气，看着日头来感知早晚。这些生产常识，都是长期劳动的经验总结。立春过后，布谷鸟在深树里打鸣，春天到了，鸟在催春，苗族人放下欢快的芦笙舞，赶紧打渠引水灌溉，牵着耕牛下田耕犁，酝酿一年的丰收。到了桐油花盛开时节，苗族人知道，桐油花开播种时，应该下谷种了，于是，平整的田畴走动着苗族人矫健的步履，他们在秧地里播种。到知了鸣叫枝头，整个山野被茂密的森林覆盖得绿油油的时候，苗族人又赶着季节栽秧。之后，一个长长的暑期过去，苗族人走在田垄上，看水稻拔节，听鱼苗戏水，等到白露之后，秋又起凉之时，田野上的挞斗声像击鼓一样，回荡在田野上。那是苗族人在收割，笑声拌着汗水，与金黄的谷粒一起，晒在秋天的田野上。稻子归仓以后，苗族人回到家里酿造一冬的米酒，于是四处走亲访友，一场场喜事就在冬天里完成。他们唱着自己的酒歌，收获着一年的欢乐。

有一首苗歌唱道：泥鳅牵着黄鳝，睡在水田埂；斑鸠带着鹌鹑，找虫进山野。这是一首苗族情歌，也是一首节令歌。歌里唱的是春天来临，万物都有归宿，各自成双成对忙碌。苗族亲近自然万物，就像亲近自己的亲人一样。鸟兽的生活规律，鱼虾的春逆流水秋下塘，苗族人熟悉得如同自己的孩子，如同自己的身体。他们知道，什么鸟怎么叫，自然界会发生什么变化，鱼儿什么时候翻身打挺，河水会涨潮。生活在大山里的苗族人观察着鸟兽虫鱼的生性变化，安排一年四季的生活，依赖大自然而生活，与大自然同呼吸共命运，心跳和大自然一起律动。

三、岜沙：人与树的生命哲学

距贵州省从江县城 7.5 公里的地方，有一座颇为神秘的苗寨。这座苗寨叫岜沙。现在，岜沙苗寨已经被各种媒体以文字、图片和视频的形式争相宣传，成了远近闻名的旅游胜地。各方游客怀着探秘的心情前往岜沙苗寨观光。2010 年，岜沙被中国生太文化协会授予“全国生态文化村”称号。那么，岜沙苗寨为何吸引着那么多游客呢？

岜沙是贵州省从江县丙妹镇最大的行政村，全村土地面积 18.28 平方公里。同时也是从江县苗族人口最集中的村寨，全村 373 户，2109 人，全系苗族。岜沙村坐落在山坳上，由大寨、小寨和宰涨 3 个自然苗寨组成，统称为岜沙。3 个自然寨之间被山路穿连着，道路两旁绿树成荫。在岜沙大寨后的山顶上，高大的古树笼罩着四野，阳光照在树冠上闪耀着光芒。树下建有一个亭子，里面供着一棵硕大的树蔸，树蔸被人们抚摸得油光滑亮，亭前香火缭绕，那就是岜沙人膜拜的神树。1976 年，北京修建毛主席纪念堂，岜沙人将一棵千年香樟敬献给毛主席纪念堂，岜沙人为纪念这棵千年香樟，建亭以祭。

岜沙人崇拜自然，生活古朴，将人的生命与大自然紧紧地融于一体。岜沙人认为人类生活的安宁与否，都是大自然的赐予。家中人畜不安，生活不顺或天灾降临，都要给大树烧香膜拜，祈祷古树保佑。古树像神一样观注着人们，因此，保护树木一直是岜沙人遵守的习俗。岜沙人说：“人生于自然，死于自然；生不带来一根丝，死不带走一寸木。”孩子一出世，父母就为其种下一棵树，从此，孩子伴随这棵树一

起成长壮大。等生命结束的时候，人们砍下这棵树做成棺木把那个生命入土下葬，并且在其坟上种一棵树，人归于自然，和神灵永远在一起。自古以来，岜沙人将生命与树融于一体，就是将生命与自然融为一体，人与树的同生共死，成为岜沙人的生命哲学。

岜沙苗族的许多生活习俗都保留着古老的模式，自耕而饮，自织而衣。男人蓄长发、束辫，挽于头顶，裤管肥大，腰佩长尖刀，身背猎枪。女装精美，佩戴银项圈、手镯等银饰物，衣裙上刺绣的各种图案，古色古香，异彩纷呈。居住木屋，木板为墙，树皮为瓦，别具特色。岜沙人这种古朴的遗风，成了苗族一道亮丽的风景线，吸引了大量的中外游客。

第三节　社会经济发展的足音

一、从苗疆开发说开去

苗族是一个历尽苦难而又顽强不屈的民族。自古以来，苗族人一直生活在动荡不安的环境里，一方面迫于生存而不断迁徙，寻求安身之所，另一方面不堪忍受外族的欺凌及统治者的压迫、剥削和屠戮而进行无数次的反抗斗争。在漫漫的征程中，苗族长期与自然界和强权者进行斗争，既表现出了顽强不屈的生命力，也彰显了强大的凝聚力，从而养成了苗族刚正秉直而百折不挠的民族精神。

由于历史原因，许多苗族地区开发都比较晚，是中央王朝的化外之地，有些地区虽然纳入中央王朝的版图，但也是“入版图者而亡其实”，长期处于自然发展状态中。这种状态，导致苗族地区在历史进程中，处于一种相对封闭的格局中，也由此严重影响苗族地区社会经济的发展。到清朝，大部分苗族地区基本上还处于氏族部落社会的后期阶段，生产力发展水平不高，处于自给自足的自然经济状态。

苗族地区的发展，必须要融入整个中华民族的发展进程中，随着中华民族的发展而发展。宋以后，随着国家政治经济中心的南移，素来被称为南蛮之地的南方得到开发，苗族地区也开始渐渐得到发展。元明清几朝，统治者为推行王化政策，扩大势力范围，着力经营西南，在西南民族地区实行军屯、民屯、商屯策略。大量军队和中原移民的进入，带来了先进生产方式和生产技术，促进了民族地区生产力的发展，加速了西南民族地区的开发，同时，统治者的掠夺式开发和武力征剿，又进一步激发了民族矛盾，由此，引起苗族人一次又一次的反抗和斗争。至明清两代，反抗斗争达到历史白热化的巅峰，以致出现10年一小反，60年一大反的格局。

苗族的发展历程，既是一部苗族人对于统治者的反抗史，同时，也是一部苗族人不断融入中华民族发展进程的融合史。苗族地区的开发，在伴随着苗族人的血泪牺牲的同时，也带来了苗族地区的发展。这是我们对于明清时代鲜血淋漓的苗疆开发应该有的客观认识和态度。

中华人民共和国成立以后，苗族有了安定的生活环境，获得了与其他民族一样平等发展的机会，苗族人从此在自己的土地上，安其居，乐其业，甘其食，美其服。苗族地区从自然经济社会过渡到计划经济，随着时代的步伐不断向前发展而驶入了市场经济，而且经济发展速度不断加快。以贵州省黔东南苗族侗族自治州近五年经济发展速度为例，从2006年到2011年，全州生产总值从164亿元增加到384亿元，净增220亿元，经济总量五年翻了一番以上。财政总收入从15亿元增加到64亿元，净增近50亿元，其中一般预算收入从9亿元增加到45亿元，净增36亿元，分别实现五年翻两番以上。财政支出从46亿元增加到195亿元，净增149亿元，增长3倍以上。城镇居民人均可支配收入增长16.7%，农民人均纯收入增长24.8%。而与贵州省比邻的湖

南省湘西土家族苗族自治州，2011 年实现生产总值 361.36 亿元，财政总收入 41.92 亿元，增长 30.1%。财政支出 126.38 亿元，增长 21.4%。全州城镇居民人均可支配收入 13 592 元，增长 11.4%，农民人均纯收入 3674 元，增长 15.8%。以上是两个以苗族为主要聚居的少数民族自治州，其经济发展速度的加快，标志着苗族地区社会经济的不断增长，苗族人过着吃穿无忧的生活，并满怀信心地迈着坚实的步伐奔向小康社会。

二、生苗熟苗以及新疆六厅

从远古走来苗族人，在历尽艰难的迁徙征途中，一部分携着家眷缓缓跋涉，而一部分则逐步被朝廷王化。到了明代，苗族被划分为生苗和熟苗，从而有了熟苗区和生苗区之分。已归顺中央王朝、纳入中央王朝管理范畴、向统治者交纳税赋的苗族，称之为熟苗，未归顺中央王朝、处于统治者化外之地的苗族，则为生苗。所谓的生苗区就是纯粹的苗族文化社区，而熟苗区则是接受了汉文化的融合文化区域。中央王朝一方面扩大熟苗区，另一方面控制生苗区。明代以后，中央王朝频频对生苗区大举用兵，生苗区和熟苗区的界限不断向西拓展，到了清代雍正年间，西南生苗区实际上就是贵州省清水江流域以南、都柳江以北的苗族地区，以及凤凰厅以西的腊尔山苗族地区，这些地区被称为化外生苗之地。

自秦汉始，在中央王朝的版图上，清水江流域虽属黔中郡、武陵郡以及明朝中书省，但实际上并没有受到过中央王朝的真正统治，即入版图者亡其实之地，历代文献把这个地方称之为化外生苗地。苗族人在这块肥沃的土地上过着一种自耕而食，自织而衣，寨自为治，无赋役之繁苛，无政治之压迫的生活，奔腾不息的清水江，养育着这个与世无争的民族，正像中国古诗所描写的那样：日出而作，日入而息，凿井而饮，耕田而食，帝力于我何有哉！

清雍正年间，中央王朝对这片化外生苗地进行大举用兵，迫使苗族人归顺，到清雍正六年（1728年）以后，在清水江两岸的苗族区域设立八寨厅、丹江厅、清江厅、古州厅、都江厅①、台拱厅，总称为新疆六厅，地域覆盖清水江中游以南至都柳江以北的广大苗族地区，土地面积约为12000平方公里，这就是人们说的三千里苗疆。新疆六厅开辟之后，全国苗族地区基本上归属于中央王朝。

新疆六厅的建立，既是封建的中央王朝对苗族地区最后的大规模征战和开发，同时也结束了数千年以来，苗族人有族属无君长和互不相统属的社会历史状况。无论是中央王朝，还是苗族人，在漫长的王化与反王化斗争中，都付出了血的代价。然而，从国家统一、社会进步和生产力发展的角度来说，它的积极意义是不可磨灭的。

三、现代化建设与苗族社区

中华人民共和国成立以后，中国现代化建设已走过漫长的半个多世纪。在探索现代化建设道路的过程中，中国人殚精竭虑，勇于进取，从20世纪50年代激烈的社会变革阶段向现代化建设阶段的过渡，到六七十年代的工业现代化、农业现代化、科学技术现代化和国防现代化的建设目标，从四个现代化到新时期现代化建设三步走战略目标的确立，中国的现代化建设迈出了一个又一个坚实的步伐，一个个里程碑似的成果写在世人之前。2008年，中国已进入第一次现代化成熟期，第一次现代化程度为89%，在世界131个国家中排第69位。②

苗族是祖国大家庭里的一员，苗族和国家一起，和全国各民族一起，伴随国家的兴旺和发达，走过了半个多世纪，并将大步地迈向未

---

① 都江厅，今贵州省三都水族自治县。

② 何传启编：《中国现代化2011》，北京大学出版社，2011年版。

来。苗族社会经济和现代化建设，从无到有，从小到大。现在，在苗族聚居区，现代化建设正突飞猛进并取得了丰硕的成果，原来封闭的高山峻岭，基本上修通了公路，信息阻隔的苗族民间，被通信网络所覆盖，落后的生产力水平得到了很大程度的提高。苗族人不仅是现代化的建设者，也是现代化成果的享有者和受益者。

在"新疆六厅"的广大土地上，即在今天的贵州省黔东南和黔南东部的广大土地上，以雷公山和月亮山为代表的山地苗族社区，其现代化建设和经济发展尤其突出，变化突显，特别是在公路交通和信息网络化建设上发生了巨大的变化。中华人民共和国成立以前，这片广大的苗族社区基本上没有公路交通，货物流通基本上依靠清水江和都柳江的水运。山民历尽千辛万苦，利用木船、木排等落后的水上交通工具，将山地上的资源逐水而下，到交通较为发达的集镇，换回自己所需的食盐及日用品，又拉着纤绳拖着小木船逆流而上返回自己的家园。而远离江河的苗族人占山地苗族人的绝大多数，他们全靠肩挑背驮，生活状况比水边人家更为艰辛。他们的房屋建筑在深山里，大山把苗寨阻隔着，即使是互相对望着的两座苗寨，从一座苗寨走向另一座苗寨，却要走下山谷，再登上另一座高山，起起伏伏地在大山上行走。苗族人的一生就那样在大山里往返，流尽了汗水，最后又困在大山里，正如李文明描述的那样，月亮山"雄浑勃立于贵州高原的榕江、从江、三都、荔波四县交界的版图上，山更叠着山，云雾缭绕，无边无际地蜿蜒着昭示无奈"[①]。中华人民共和国成立后，特别是改革开放以后，国家对苗族社区的建设进行了倾斜性的投入，公路交通和各方面建设都有了巨大的变化。以黔东南苗族侗族自治州为例，2009 年通车公路里程已超过 7000 公里，而且修建了机场，沪昆高速和厦蓉高速两条高速公路纵横穿过黔东南全境，昔日的鸟道如今变为坦途，飞翔

① 李文明著：《远去的风情》，贵州民族出版社，2001 年版。

的梦想在苗族山区也变成了现实。现在，黔东南广大苗族山区基本实现了公路村村通，行走在黔东南的广大山区里，一条条公路在乡间蜿蜒如美丽的彩带，驾驶着汽车穿行在崎岖的大山里，茫茫的原始森林和古朴的苗寨如一幅幅经典的画作呈现于眼前。那些苗寨一天天高耸起来，在低矮林立的木楼中，一些现代化的楼房开始拔地而起，摩托车和汽车开进了寻常百姓家，苗族山区处处呈现了一种现代化建设的新景象。

电力建设和通信网络建设，也推动着苗族社区现代化建设的步伐。20世纪80年代以前，山区苗族照明基本上依靠煤油灯和松脂柴，贫穷落后的面貌一直笼罩着苗族社区。到了20世纪90年代以后，电力建设和通信网络建设走向广大苗族社区，这种现状渐渐发生了改变。如今，农村电网和通信信号已经覆盖了苗族社区，农用车辆、脱粒机、耕田机、电视机、手机等各种农用机械和通信工具在苗族社区得到了普及，昔日信息闭塞的苗族社区搭起了与外界沟通的信息桥梁，许多勤劳而勇于开拓的新型苗族农民，利用现代化的交通工具和信息手段在广大苗族山区里大显身手，走向劳动致富和科技致富，率先实现了小康生活。生活在贵州省剑河县久仰乡摆伟村的农民李代生，依托于山区资源，承包荒山开发种养业，利用有利的交通条件和现代化的通信手段，建立起了山外市场，产销香猪、水果和钩藤等，实现年收入20万元以上，成为苗族社区的致富能手。身处麻山腹地的伍兴权，是贵州省紫云县苗族布依族自治县猴场镇打哈村苗族农民，他带领着当地苗族农民利用现代科技发展养殖业，让全村苗族人走上了致富路。伍兴权于2008年被选为“北京奥运会火炬手”，2009年9月，又被国务院授予“全国民族团结进步先进个人”称号。云南省昭通地区彝良县洛旺苗族乡致富女能手曾孝荣，利用现代科技手段，摸索林下养蜂和发展柑橘产业走向致富之路，不但自己过上了小康生活，还带动了

当地苗族农民致富，促进苗族社区经济发展，树立起了苗乡女能人的模范形象。在现代化建设突飞猛进的苗族社区，诸如此类的动人故事层出不穷。随着中国现代化建设的推进，中国苗族社区的城乡建设得到了长足的发展，社会经济也正在发生着划时代的变化。

第四节 从手工技艺到冶金技术

一、凿井而饮，自织而衣

中国古汉文献就有对苗族生活的描述：神农之世，男耕而食，妇织而衣，刑政不用而治，甲兵不起而王[①]。这是苗族社会的一种真实写照。在叙述苗族的农耕文明，苗族传统最主要的农作物，是水稻和棉花。正是水稻和棉花，滋养和温暖着一代又一代的苗族人。凿井而饮，自织而衣，是一幅丰富多彩的农耕图景，这幅农耕图景自古画到现在，精彩纷呈地展现了苗族古代自给自足的自然经济状态。苗族的吃新节和种棉节，正是表达苗族人对这两个物种的一种祭拜和感恩之情。

贵州省都柳江沿岸的苗族每于三四月，都有过种棉节的习俗。清明之后，冬去春回，苗族聚居的每个自然村寨，几户人家一起带上腊肉、香肠和糯米饭，挖松一片肥沃的土地以备种棉花。四月初的卯日或辰日，苗族人挑着棉种，带着丰盛的酒肉饭菜前往种棉地点，举行种棉仪式。每人用手捧水洒在棉地上，以示灌溉。仪式完毕，大家就地用餐。席间，老人们高唱《种棉歌》、《四季歌》等，祈求花神保佑丰收。到了盛夏，苗族人又有过吃新节的习俗，在节日里以祭拜的仪式来祈求一年的丰收。

---

① 《商君书·画策》。

苗族种棉有着悠久的历史。苗族自古以来流传的《种棉歌》、《刺绣歌》、《织布歌》、《染布歌》等，既叙述了种棉、管棉、采棉的过程，也叙述了纺纱、织布、刺绣、缝衣等过程。苗族种棉，主要是为了自织而衣。苗族除了种棉之外，还利用木材制造纺纱机、织布机。把棉

苗族织布图

花晒干后，弹去棉籽，在自制的纺纱机和织布机上纺纱织布，利用蓝靛将布染成藏青色，再缝制成衣。20 世纪 80 的代以前，在苗族社区，种棉的现象依然十分普遍，各家的自留地除了种五谷杂粮之外，每年都要安排一部分面积来种棉，以求取一年的温饱之需。20 世纪 90 年代以后，随着工业化水平的不断提高，商品经济大潮逐步深入苗族社区，各种机器布料成为苗族人的首要选择，种棉量逐年减少。现在，苗族

社区除了节庆之日，男子还衣着传统自织自缝的苗衣，女子着节日盛装以外，日常生活已经基本上穿戴机织衣饰。

苗族的刺绣工艺精美绝伦，刺绣图案丰富多彩，形象生动。苗族刺绣图案主要有龙、鸟、鱼、蝴蝶、铜鼓、花卉等，其技法有平绣、挑花、贴布绣、破线绣、打籽绣、堆绣、锁绣、马尾绣等。丰富的刺绣作品成为苗族服装的美丽饰件，也是苗族文化的载体之一。这些技法不同的苗绣，既体现了苗族手工技艺的精美，也体现了苗族女子的心灵手巧。因此，苗绣作为珍贵的非物质文化遗产，被列为国家第一批非物质文化遗产保护名录。

二、苗族服饰上的手工技艺

苗族服饰丰富多彩，种类繁多。从形式上分，有刺绣饰件和金属饰件；从性别上分，有男性饰件和女性饰件；从图案上分，有动物图案和植物图案等。

刺绣饰件，就是以刺绣为饰物，装饰在衣服、帽子、裙子和绑腿上，其女性服饰又分为简装和盛装。苗族的手工刺绣技法有平绣、编绣、辫绣、破线绣等30多种。苗族盛装常以刺绣和银饰等多种工艺结合制成，一套盛装需要几年，甚至几十年时间才能完成。苗族姑娘从小就在母亲的指导下开始学习挑花绣朵，到出嫁时，都能绣出构图奇巧、想象大胆、色彩丰富、美观大方

苗族银饰

的嫁装。在刺绣中一方面继承老前辈的技艺，另一方面在原来的技艺基础上进行创造。金属饰件，就是以金属锻造而成的饰件，主要是银质饰件和铜质饰件。一般情况下，男性金属饰件比较简单，主要有银锁，铜锁，银手镯，铜手镯，银戒指、手箍、烟盒、项链、项圈等单件饰品，女饰以成套为主，种类较多，且以银饰最为普遍，有头饰、耳饰、颈饰、胸饰、手饰和衣饰等几大类。头饰有银角、银花、银梳、银簪、插针、银铃等，耳饰有耳环、耳柱、耳坠等，胸饰有项圈、压领、项链等，手饰有手镯、手链、手钏、戒指等，衣饰有银缀、银泡、银片、银铃、腰链、披肩等。银饰工艺有锻打、浮雕、镂刻、压模、錾刻、扭结、焊接等。苗族女子出嫁或每于节庆之时，她们都会穿上美丽的盛装，戴上全套饰品，鲜艳的衣服刺绣图案和银灿灿的饰品和谐搭配，个个显得珠光宝气，美丽绝伦。她们走在芦笙场或木鼓舞场上，一个个婀娜多姿，整个芦笙场或木鼓舞场上，除了她们银铃般的笑声而外，还有她们的银饰的叮当之声，煞是悦耳生动。

苗族服饰

苗族服饰工艺精美，技艺精湛，以对称为主要结构。在图案上，以蝴蝶、牛角、斑鸠、锦鸡、花草、虫鱼等为主要内容。苗族服饰上的饰件，除了符合人们的审美需求以外，还隐含着很多苗族文化的意义，比如服饰上的蝴蝶，它是苗族的始祖蝴蝶妈妈，蝴蝶为苗族图腾物之一。而服饰上的斑鸠或锦鸡等，它是标志着某个苗族支系的象征，而花草虫鱼则是不同支系生活环境的描绘，它与农耕文化又有着内在的关联。现代的许多苗族服饰上，已经有了很多大胆的创新，不仅在图案上发生了变化，融入了很多现代生活的元素，有些还吸收了外来文化，在图案中刺绣有纪念性的文字，图案的结构也更符合现代人的

苗族银衣

审美需求，而且在制作工艺和锻造方法上也有了新的手段。在苗族民间，男女有较明显的分工，刺绣工艺由女性完成，而金属饰品则由男

性锻造，且多以工匠来完成。无论是女性的刺绣技艺，还是男性的金属饰品工艺，都说明了苗族具有精湛的手工技艺传统。现在，许多苗族工匠利用自己的手工技艺，走出山门，把市场推向了广阔的世界，拓展成为一条致富的门路，甚至成了一个令人瞩目的产业，在民间也出现了以锻造金属饰品为主打产业的银匠村。

贵州省雷山县西江镇的控拜村、乌高村和麻料村等，都是著名的银匠村。如果有幸走向这些著名的银匠村，踏在洁净的寨道上，一种叮叮当当的金属碰撞声会从苗寨深处传来，就像一首绵美的歌，让人流连忘返。那些声音，如果不是银匠们打制银饰的声音，就是苗寨上的女子穿戴的银饰在慢悠悠地行走中，银饰的碰撞发出的优美的声响，带着清脆的乐音，敲进你的耳鼓。这些苗族村寨的银匠，利用自己精湛的手工技艺，在北京、成都、广州、上海等大都市里展示自己的银饰制品，深受客户的青睐，从而形成一个独特的苗族银饰市场。

三、苗族锡绣——世界一绝

锡绣是苗绣的一种，因其制作独特和精美而被世界所瞩目，被视为世界一绝。因其独异的表现形式和唯一性，2006 年，锡绣被列为国家第一批非物质文化遗产保护名录。锡绣是苗族柳富支系的一种刺绣手艺，是柳富支系苗族千百年来劳动与智慧的结晶。柳富支系苗族居住在贵州省剑河县，其语言为苗语中部方言北部土语，服饰为清水江型柳富式服饰，覆盖剑河县南寨、南加、敏洞、观么四乡镇，共 38 村 56 寨，人口总数为 22 735 人。锡绣的独特之处是以藏青色自织布为载体，用黑、红、蓝、绿四色丝线将金属锡片按传统图案绣缀于头巾、上衣、百褶裙和布鞋上，银白色的锡片缝在藏青色布料上，对比分明，银光闪亮，酷似银衣。穿戴时配以银耳环、银项圈、银锁链、银手镯，极其华丽高贵，其独特的匠心深受国内外客人赏识。被中国美术馆等

国内外多加馆场收藏。

的确，如果你走进一座苗寨，身着锡绣的姑娘从你身边络绎而来，绣片闪亮着，并发出动听的韵律，你会觉得自己是走在一座音乐殿堂。当你站在她们面前，她们让你仔细地观赏她们身上的锡绣，绣丝雨滴般地下垂时，那些图案会告诉你，它们承载着什么样的文化符号，那些符号组合在锡绣姑娘们的身上，就像一部史书，让人百读不厌。

苗族锡绣盛装

锡绣主要用料为布料、线料和锡料，其图案别致，符号奇特，图案的名称基本上以农耕常识命名，隐藏着深刻的农耕文化。锡绣制作程序复杂，工艺精细，图案排列整齐精美。其制作过程有种棉、纺纱、织布、染布、洗布、捶布、蒸布、晾布，剪裁、刺绣、锡绣、缝制等①，一个心灵手巧的苗族女子，终其一生，也只能制作四五套锡绣盛装。因此，锡绣在苗绣中显得尤为独特和弥足珍贵。锡绣产生的年代，因没有文字记载，至今无法考证。据专家推测，锡的发现早于商代，距今有 5000 多年，而锡绣的产生，根据其衣饰装束判断，应该是汉代，那么，锡绣的产生历史已经有 2000 多年了。由此，锡绣的产生，既是苗族手工技艺的外在彰显，也是苗族冶金技术的见证物。

---

① 王立著：《锡绣故乡》，作家出版社，2010 年版。

随着市场经济的扩张，苗族社区的文化观念和价值观念的变化，苗族锡绣在年青一代的苗族人身上已经渐渐淡化。为继承和保护苗族这一文化瑰宝，现在，当地政府和苗族的有识之士正千方百计对苗族锡绣进行开发利用，让苗族锡绣在开发利用中得到更好的传承和发展。他们把锡绣制品放在展厅中，放在市场上，放在学生的课堂里，锡绣工艺渐渐地彰显着自己无穷的生命力。

四、苗族古歌的金属声音

> 宝公和雄公，且公和当公，他们四个人，商量运金银。运金造金柱，金柱撑着天，运银铸银柱，银柱支住地；天才不会垮，地才不会崩，人人才安心，个个才高兴……①
>
> 宝公和雄公，且公和当公，他们好心肠，想出好主张，来铸金太阳，太阳照四方；来造银月亮，月亮照四方……②

这是《苗族古歌·运金运银》和《苗族古歌·打柱撑天》的两段歌词。《苗族古歌》中特别是《运金运银》、《打柱撑天》和《铸日造月》等几首歌里唱到的金属很多，金、银、铜、铁等一些苗族人常用的金属都有涉及，而且回答了这些金属储藏在什么地方，从哪里来，以及它们的用途等，实际上就是苗族人对于自然的探索，对探矿、采矿、冶炼的探索，是苗族古代冶金技术的认识。苗族古歌是一部百科全书，它涵盖着自然科学和社会科学，而以形象化的问答来表达自然和社会。虽然提到了很多金属，而且回答了这些金属的颜色、味道、形状，以及这些金属的冶炼过程和用途，但是，苗族古歌对这些物象

---

① 田兵编选：《苗族古歌》，贵州人民出版社，1979年版。

② 同上。

都以大胆的想象去进行描述，如果以严密的科技手段去探究，那当然是行之未果。但至少让人们从苗族古歌那些金属碰撞的声音里知道，苗族的早期社会，已经对金属有了初步的了解，而且认识到了金属对人类和自然的巨大作用。

苗族是世界上最先发现金属的民族之一。远古时代的蚩尤部落就发明了金属冶炼和金属兵器的制造。古书上记载蚩尤“以金作兵器”、“铜头铁额”的地方很多。此外，苗族是最早从事农耕的民族之一，早在战国时代就以牛耕犁了，并开始制造了铁农具。2006 年在苗族聚居区贵州省黄平县发现战国时期的且兰鼎等，这些都证明，苗族发现金属和冶金发明的时间起源很早，而且很早对金属进行广泛应用，从兵器的制造，到狩猎工具的制造，到农具的使用，以及服饰的广泛应用等。

现在，苗族社区的冶金技术不再是那种传统的“古歌方式”了。随着苗族知识分子的增多，掌握科学技术的苗族人士不断涌现，苗族的冶金技术从古歌声中走出来，带着灼热和韧性融入了时代的强音，成了现代冶金技术的一个组成部分。

第五节　现代苗族的生活形态

一、祖先生活的承续

苗族在漫长的历史发展过程中，形成了极具特色的文化现象。长期自给自足的生产方式，使苗族形成一套独特的生活法则。在现代苗族人的生产生活中，对祖先生活方式的继承，依然是主要的生活形态。

山居性依然是苗族人的主要生活环境。中华人民共和国成立之后，苗族人从过去的动荡走向了安定的生活环境，依赖山地进行生产，安排生活，与大山融于一体。祖先的生活方式在现代苗族人的身上得到较完整的继承。鼓藏组织的遗存，祭祖礼仪的承续，聚族而居的格局，传统的家庭结构和尊老爱幼的社会美德和家庭美德，在现代苗族人的生活中依然留下深深的印痕。在恋爱、嫁娶、丧葬、节日以及日常生活习惯上基本上沿袭着古老的传统。20世纪80年代以前，普遍的苗族社区，无论男女，其衣着服饰基本上为自织而衣。到了20世纪90年代之后，苗族社区生活方式开始有了较大的改变，除了祭鼓、招龙、婚嫁、丧葬等传统习俗的承续之外，日常生活习惯都发生了日新月异的变化，从衣着服饰到生活习惯，都深深地受到汉文化的影响。只有在交通不发达的苗族社区，尤其是在比较边远封闭的苗族社区，祖先生活的承续仍较为明显，如贵州省黔东南州从江县的岜沙苗寨，剑河县的久仰乡，台江县的南宫乡、方召乡，六盘水六技特区的梭夏苗族社区等，苗族的生活传统仍有完好的承续。

二、传统习俗与现代生活的结合

20世纪90年代以后，随着社会的不断发展，苗族地区的生产力水平有了大幅度的提升，科技有了很大的进步，经济结构发生了巨大的变化，生活方式也不同程度地发生急剧的变革。日出而作，日入而息，凿井而饮，自耕而食，自织而衣的生产生活方式已经成为历史。进入2000年以后，公路网线和信息网络对苗族社区的覆盖率逐年提高，自然封闭的苗族山区享受到了现代化建设带来的福祉，苗族社区由自然经济状态迅速转变为市场经济模式，苗族人的商品观念和市场意识逐渐形成，衣食住行用发生了根本性的变化。

然而，苗族在长期的历史中积淀了丰富多彩的生活习俗，这些习俗组成了苗族独特的传统文化。苗族人一方面接受现代化建设带来的便捷方式，逐渐改变了自己的生产生活习惯；另一方面，又固守着自

古以来的一些生活习俗，在弘扬本民族的传统文化中，既体现了苗族人对祖先创造下来的优秀文化的自信和自觉，而又勇于对本民族文化的落后一面进行扬弃。总之，现代苗族人的生活，实际上是传统习俗与现代文明的统一结合。

现在，当你走进苗族社区的时候，即使是现代文明高度渗透的苗疆城镇，你都会感受到苗族生活的遗风。阳台上晾晒的苗衣，绾着发髻穿着苗族盛装袅娜地走在街上的苗族女子，衔着长烟杆在阳光下怡然自乐的苗族老人，镏鸟场的树荫下围着鸟笼蹲在地上闲聊的人们，无不体现出苗族人的生活情趣。夜幕降临的时候，休闲地带的长椅上，老人们闲适地对唱着苗歌，好一派幸福祥和的生活画面！在苗族社区里，自古以来浸润着深厚的苗族文化，长期的生活积淀，使人们自然形成一套生活方式，养成独树一帜而健康向上的审美情操，他们围绕着自己的审美需求而津津有味地追求着幸福的生活。在贵州省黔东南苗族侗族自治州的剑河、台江、雷山、黄平、施秉、凯里、麻江、丹寨等县市的城镇里，苗族吊脚楼的建筑风格在现代化的城市建筑中依然留下深深的烙印，处处保留着苗族自古以来的建筑格局，洋溢着苗族人的风采。在苗族社区的这些城镇里行走，无论你从什么角度去观瞻，你都会感受到现代元素与民族元素的高度结合，古老的遗风与现代文明统一呈现。

极具苗族特色的森林温泉湖滨旅游城市剑河，就是这样一座典型的县城。剑河，是中国最年轻的县城之一，也是苗族人口最为集中的县城之一。因国家重点工程清水江三板溪水利工程的建设，清水江的回水淹没整座县城而迁建于新址。2004 年 10 月破土动工，2007 年 4 月县城整体迁入。即使是这样年轻的县城，在现代文明高度渗透的当今，它仍选择着根植于土地上的苗族元素，于是，新矗立的剑河县城高度集中了许多苗族的文化符号，青灰色的瓦顶建筑，精巧的苗族图腾物水牛角屋脊，简约素朴的苗族吊脚楼美人靠，朱红色的垂瓜、挂落和暗红色的花窗搭配，以苗族神话中的美女神仰阿莎命名的街道和广场等，处处彰显着苗族建筑风格和苗族文化形象。穿行于红绿灯闪烁的街道上，虽是车水马龙，却浸淫着厚重的苗族气息，来自四面八方的苗族人就生活在这样的城市里，个个充满一种文化自信与文化自觉。而每年的“中国贵州·剑河仰阿莎文化节”的举办，更是给县城增添了绚丽的苗族文化色彩。

告别了城市，你走向苗族乡间的时候，原生态的苗族文化更能令你感到神奇与迷恋。高高的吊脚楼依山而建，层层叠叠地砌筑在原野上，在宁静与热烈中消解悠长的岁月，在风霜雨雪中张扬独特的风采，泥土的馨香与米酒的醇香弥漫着吊脚楼。在清晨或黄昏里，你都能听到充满着现代化的音乐和原生态的苗歌在苗寨上空混响。这时，热情的苗族人总会笑盈盈地站在大门口，把你迎进他们的吊脚楼，米酒盛上来，佳肴陈上来，你也可以在苗族吊楼里一醉方休。苗族人就这样守着大山里的岁月，把他们的历史推向新的时代，虽是充满劳绩，却也能诗意地栖居！

第六节　苗药和苗医

一、丰富的苗药

苗药的发现和研制，是苗族认识自然和利用自然的结果，也是苗族在长期的生产和生活中自医自救的结果。苗族分布的广大地区山峦重叠，溪河纵横，气候温和，雨量充沛，得天独厚的自然条件使自然植被繁茂，动物众多，矿产丰富，药材资源十分富饶。苗族在长期与大自然作斗争中，也长期与疾病作斗争，发现和研制了丰富的药物和药方，以贵州省黔东南为例，苗族常见药物就有 718 种之多。过去，

由于苗族没有文字，这些药物和药方主要是口传心记，因此没有专门的苗医著述。中华人民共和国成立之后，国家有关部门对苗族聚居地区的医药进行广泛调查和整理，苗族药物达1500种之多，常用的约200种，这些药物已经载入了国家或地方性的药物著作，成为中国药物宝库的组成部分。

由于气候和地理地貌的特殊性，苗族药物不仅资源多、产量大，而且品质好，药用价值高。主要出口的药材有茯苓、天麻、桔梗、半夏、南星、首乌、黄精、钩藤、杜仲等，以贵州省黔东南苗族侗族自治州为例，年产茯苓7692.9公担，黄柏6706公斤，吴萸22.8公担，桔梗171 384公斤。而贵州省黔南布依族苗族自治州，天麻年产量达1万公斤。从各地民间众多的药市盛况也可充分表现出苗药资源的丰富性，有的药市有大小摊位数十至数百个，上市药材达几十至几百种。贵州省凯里市就是一个巨大的苗药市场，每逢周末琳琅满目的苗药摆满了街巷，形成了苗药一条街[①]。

现在，随着医药工业的发展和医药卫生保健事业水平的提高，丰富的苗药资源逐步得到开发，有的进行人工栽培，有的研制为成药、保健品和化妆品，越来越受到人们的关注和接受使用。苗药成了苗族社区经济发展的一个产业，也成了造福人类的良方。

贵州省施秉县牛大场镇是一个苗族聚居镇，全镇总面积273.8平方公里，土地资源丰富。1994年，该镇苗族农民开始种植太子参，开发苗药市场走上致富路。2011年，牛大场镇太子参种植面积达35 000亩，年产量3500吨，产值1亿元左右。产量为全国第一，占全国太子参总产量近1/3，是全国最大的太子参生产基地，有“西南药城”的美誉。目前该镇通过种植中药材拥有资产100万元以上的有8户，50万～99万元的有36户，10万～49万元的有219户，太子参种植户有50%的人家收入

---

① 中国高速网，http：//www.cngaosu.com/a/2011/0719/183535.html。

超过10万元以上。苗药产业成了这个苗族社区经济发展的一个重要产业。贵州省剑河县敏洞乡和观么乡都是苗族聚居区，地处高寒地带，平均海拔1000米，因其地理、气候条件适宜缬草生产，种植缬草也成了该苗族社区的主要致富途径之一。近年来，敏洞乡种植缬草350多户，创收220余万元。观么乡种植缬草150多户，创收150余万元①。

2009年，贵州作家深入剑河县观么乡缬草种植基地采风，看见苗族人种植缬草致富而兴奋不已，欣然写下了散文篇章：

草以及植草人②

从白磊苗寨去刘秀能家的缬草苗圃，是朝正南方向行走。那是沿着斜坡而下的崎岖小路，经过田野，沟渠，菜地，山梁，一路俯望着深山丛林。

我们逶迤而下。走在最前面的是个头矮小的刘秀能。他扛着锄头，西沉的太阳照过来，看见他的身影横在田野上，像一尊巨人塑像，长长的锄头钩住了遥远的田坎。都是因为我们好奇，想看一看那种叫缬根草的植物，它是怎样为白磊苗寨创造那么多财富?

刘秀能径直地走在前面。他向我们描述着他们的缬草，描述着他们的缬草油，描述着呈现在我们眼下的丛林，丛林中的猴群，以及他自己的致富经。他轻轻地将他的坎坷藏在心底——那些日晒雨淋的日子，那些向壁凄泣的日子，而呈现给我们的，是他的自信与快乐。那时候，刘秀能的心底里仿佛只有缬根草，其他事情，他都忘了。

我素来不是以封闭闻名，但我第一次听说缬根草和缬根油，

① 《贵州日报》2010年3月15日。
② 《民族文学》2010年第7期。

而且十分昂贵，一亩地的缬根草只能够练出三至四斤缬草油，而一斤缬草油能够卖出四五百元。刘秀能让我感到神秘。我一直纠缠着他，就是想看看缬根草的模样。从他的描述中，我在心底里暗暗地与自己熟知的百草联系起来。我说，哦，我知道了，就是小时候我们说的满坡香啊。但我指着一株我想象中的缬根草时，刘秀能摇了头，他说，不是，这不是缬根草。

我们来到了他的苗圃。那个季节已进秋天，缬根草早已枯萎，只剩下一畦畦覆土。我们跟随刘秀能踩着苗圃而过，等待他举起锄头的时候，他又说，这一锄下去，都是人民币呢。刘秀能的锄头锄下去了，用力一翻，一爪缬根随之被翻开来，均匀地呈现在阳光下，酷似千手观音。刘秀能说，这是苗圃，要尽量培养丰富的根系，若是移种来炼油，则不让它有这么多根系，在施肥以及种植技术上都有讲究的。他又不断地给我们描述缬根草：有芹菜一样的叶，高高的茎，开着细朵的花，有一股细细的潜质的穿透肺腑的清香……如今它栽在我的花盆里，那是刘秀能给我的一爪缬根，它开始长出了几叶嫩芽。

缬根草原本为普通的野生植物。以前，在白磊寨一带的坡坡岭岭，哪里都散布着缬根草。后来缬根草能够换回钞票，缬根草就一年年地稀少，至今在山野上已近绝迹。而像刘秀能那样，能够培植缬根草苗，其技术只有少数人掌握。如今，刘秀能不仅卖缬草油，而且又卖缬草苗。

缬草油，在国际上拥有广阔的市场。据说，它是一种十分走俏的化妆品原料。这些年，刘秀能带着白磊寨的农户，种植和烤炼缬草油，找到了一条致富路。村子上有近一半的人家，都在银行里有二三十万元的存款。白磊虽然没有修通公路，但刘秀能早已用缬草油的收入购置了一辆越野车。他摆在乡政府里，积极地鼓动着白磊人修公路。现在，俄罗斯客商已经将三百多万元货款押在了刘秀能账上，等待着刘秀能为他们供油。

嘿，这丑陋的普通的缬根草，谁知道它能美化世界？美化人类？为人类创造财富？这个世界的许多事情，有时错综复杂。

我们从刘秀能家走出来，在回乡政府的路上，挖掘机正隆隆地在山野上工作。清云说，那是刘秀能他们村在修公路。看来，刘秀能的越野车马上就可以开回家了。

二、神奇的苗医

自古以来，苗族与自然界紧密地融为一体，在认识自然和利用自然中，常常带有许多神秘的色彩，巫文化就是苗族对自然界认识的一种产物，也一直是苗族社区相传不衰的话题。巫文化在苗医中占据着重要的成分，巫师、巫术一直对苗族医学产生着巨大的影响，有些苗族巫师实际上也是苗族医药师。因此，带着神秘色彩的巫文化传衍而来的巫医结合的苗医，千百年来在苗族民间为人们治病除魔，成为苗族人自古以来的医疗传统。

然而，苗族医学也遵循着科学常识。苗族医师在为病人诊断病情时，虽然没有高科技治疗设备，但其诊断的基本方法至今仍普遍适用。苗族医师面对病人时，并不是动辄从巫，而是通过把脉听声、察言观色、询问病情，以触、摸、扣、打、刮、按等传统方法进行诊断，而后对症下药，治病救人。只有对那些疑难杂症，民间的苗族医师才采用巫医结合的方法，运用巫术化水、祈愿消灾、药巫并用等手段送鬼驱神，除邪去病，而这种方法确实也有药到病除的功效，因此，神奇的苗医就成了苗族民间治病救人的重要途径。

当然，巫医结合是苗族医学发展史中一种特殊的历史现象，是由

于缺乏科学常识所造成的结果。但巫医结合在苗族民间已有几千年的实践经验，人们不能因此一味否定巫医结合的苗族医药的存在。也许，人类并没有完全真正揭开大自然的一切奥秘，或许，巫医结合有待人类医学技术进一步的发展来提示它的奥秘。现在，苗族社区受教育者越来越多，科学文化知识不断普及，相信科学的苗族人越来越普遍，巫医结合的医疗方法在苗族社区的运用逐步缩小。

第七章

厚重的苗族文化

第一节　丰富多彩的神话传说

一、天地人神——神话传说的对象

从远古走来的中国苗族，是中华民族的一个组成部分。过去，因为苗族没有文字记录自己的历史和文化，苗族依靠口耳传承，其神话传说十分丰富。苗族神话和苗族古歌又常常连在一起，其题材相近，内容类同，叙述手法异曲同工，歌中有神话传说，神话传说中有歌，互相杂糅，互相渗透。那么，苗族神话传说的基本内容有哪些呢？

苗族剪纸绣

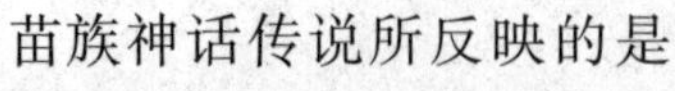

苗族神话传说所反映的是苗族先民对客观世界的认识，是苗族社会的童年期一种对自然界认识的折光反映，呈现出独特的艺术形态和远古的历史遗迹。苗族神话传

说的基本内容和苗族古歌一样，其题材丰富多彩，内容包罗万象，归纳起来大致有以下类别。一是关于天地自然的题材。二是人类起源的题材。三是人与自然和社会斗争的题材。四是歌颂苗族英雄的题材。这些神话传说，和苗族古歌一样，都是苗族先民对天地形成、物种起源的认识和人与自然社会进行长期斗争的反映。反映天地自然的题材，如贵州黔东南的《天和地是怎样分开的》、《十二个太阳和十二个月亮》，云南文山的《公鸡叫太阳》等。反映人类起源的题材，如云南文山的《造人烟的故事》，贵州黔东南的《构央和尼央》等，反映人与自然和社会斗争的题材，如贵州黔东南的《姜央斗雷公》、《仰阿莎的传说》等。

苗族神话传说，产生于苗族历史的童年社会阶段，是神秘的自然界和原始社会形态在苗族先民心灵中的反映，是苗族先民简单的艺术反映，也是苗族早期社会人们认识自然、利用自然和支配自然的结果。这些神话传说，从不同侧面反映了苗族先民的生存境况和与自然斗争的意志，也反映了苗族先民对天地万物天真美丽的幻想和富有趣味的艺术阐释，展示了苗族社会童年时期的美丽画卷。

二、勒在苗族人记忆里的神话传说

苗族神话传说丰富多彩，灿若星辰。纵观各地苗族的神话传说，虽然表现形式有别，传说的人物有异，但其线索与故事基本一致，都是对天地形成、人类起源等进行大胆的猜想和描述，其表现风格都以夸张为主。其代表作主要有《天和地是怎样分开的》、《构央和尼央》、《仰阿莎的传说》等。

《天和地是怎样分开的》叙述的是苗族先民对天地形成的猜测和想象。这个神话传说，以夸张的手法和奇特的想象，叙述了天地从混沌状态中分离出来的过程。神话叙述道，过去天和地连在一起，东方是黑的，西方也是黑的，南方不出风，北方不出气，整个世界黢黑一片。有个叫务往葩的仙人，力大无比，她把天抛上去了，之后砍来五倍子木、狗啃木、杉木、枞木等各种木头撑天，但都被虫子咬坏了，最后在水鸟和仙人的帮助下，用石柱来支撑，天地才长期分开。

《构央和尼央》则叙述了人类起源的故事。人类遭受洪水滔天以后，万劫不复。只有构央和尼央两兄妹坐在一只葫芦里漂在漫天的大水中，等洪水退去之后获得生还。于是兄妹冲破重重阻力结为夫妻，繁衍人类。这则神话在苗族地区广为流传，与苗族古歌里所唱的也基本一致。

《仰阿莎的传说》则是苗族先人与自然社会进行斗争的反映。神话描述的是苗族最美丽的姑娘仰阿莎的故事。仰阿莎是天和地孕育的女儿，从水里诞生，天生丽质，美丽聪明，在乌云的撮合下嫁给太阳为妻。但由于太阳贪财重利，长期远出不归，美丽的仰阿莎与太阳的弟弟在家相依为命，日长月久，两人产生了感情。仰阿莎与勤劳勇敢、重情重义的月亮决定私奔，创造美满幸福的生活，于是引起天地间一场最大的官司。最后通过理老的裁定，月亮赔偿太阳三船金三船银和一半江山，仰阿莎嫁与月亮为妻。这个神话传说，塑造了许多形象鲜明的人物，表现了苗族先民与自然界和社会进行斗争的情境，歌颂真善美，鞭挞假恶丑，成了人类永恒的主题。

以上这些苗族神话传说，可窥苗族神话之一斑。它集中体现了苗族先民对天地形成、人类起源和人类生活的早期认识与基本情貌，折射了苗族人的生存理念与生命哲学，同时彰显了苗族神话传说的饶有趣味和艺术魅力。

三、神话与苗族历史

神话既是初民的宇宙观，也是他们的科学诗；既是创世者的历史，

又是原始艺术的宝库。[①] 苗族神话传说也一样，天地形成，人类起源，人与自然社会的斗争等，既是苗族先民宇宙观的体现，也是苗族生活画卷的描述。苗族神话传说内容广泛，是苗族先民哲学、科学、道德、宗教、历史、文学等各种社会意识的统一呈现。

苗族神话传说不是苗族历史的真实记录。但是，苗族神话传说，无论是关于天地宇宙，自然万物的理解，还是关于人类起源、婚姻演变或生殖繁衍等，都传递着苗族史前的文化信息，给人类以无比丰富的想象和联想，让人们从中获取智慧的火光。因此，苗族神话传说，以苗族史前人类的美好幻想和对自然宇宙的执著探索精神，体现了弥足珍贵的文化史价值。

四、苗族民间故事及其发展和演变

苗族民间故事丰富多彩，品种繁多。从故事类型上来区分，基本上有生活故事、幻想故事、民间寓言、笑话故事等。从题材上来区分，有生活故事、生产故事、鱼猎故事、英雄故事、机智人物故事等。从产生年代来区分，有古代中期故事、古代后期故事、近代故事、现代故事等。苗族民间故事，是苗族文化的重要载体之一，它形象而艺术地表现各个不同时期，各个生活领域，各种生活层面所发生的故事，以口头创作的形式产生，而又以口耳传承的方式流传，表达了苗族民间人们的情感和意愿。颂扬真善美，批判假恶丑，是苗族民间故事的基本立场和基调。

苗族民间故事的发展和演变，是一个漫长的过程。各种故事产生的年代不同，因而不同故事也烙下不同时代的印痕。古代中期的苗族民间故事，如《构央与月桂树》、《阿央和老虎捕猎》、《独哥王》、《哑

---

① 李惠芳著：《中国民间文学》，武汉大学出版社，1999 年版。

巴里王》、《田螺姑娘》等，这些故事，基本上充满了想象和联想，大多是一种虚构的人物和情节，故事离奇，情节简单，并有天地人神相结合的产物，但反映了苗族社会生活的一种存在和追求。古代后期的苗族民间故事，如《菜粑粑》、《守寨记》、《张秀眉的故事》、《李洪基的故事》、《包大肚的故事》、《杨大六的故事》、《刚宝牛的故事》、《聪明的长工》等，这些故事，基本上是苗族社会生活的真实描述，或歌颂英雄，或赞美智慧，或针砭丑恶，让人们传叙这些故事时，能够了解苗族社会的基本面貌。现代苗族民间故事，如《箫王》、《虎年失踪》、《月亮寨的传说》、《蛊》、《红军树》等，这些故事，基本上是文人对苗族民间故事的加工和再创作，艺术地再现苗族社会的生活场景，许多故事都以小说的艺术形式出现，但题材来自苗族民间故事，表达新颖，情节更为复杂，人物更为丰满，给人以更多的艺术享受。

苗族民间故事的发展和演变过程，是一个漫长的渐变过程。从虚构的题材，到真实生活的题材，从简单的故事情节，到复杂曲折的故事情节，从寓言式的手法，到写实性的手法，从民间流传走向书面记录，就是苗族民间故事的基本发展和演变路径。现在，在苗族民间，围着火塘听老人讲民间故事的情境，已经不复存在了。人们获知的民间故事，大多是从故事书中阅读而来，有很多苗族民间故事，已经演变为小说或剧本。苗族民间故事，已基本书面化。

第二节　载歌载舞：苗族文化的活性形态

一、心为纸张口为笔

苗族具有悠久的历史。但在苗族百折不挠的奋斗历程中，一直没有文字记载自己的英雄史迹。因此，心为纸张口为笔，是苗族记录历

史、叙述故事、唱述歌谣和延续文化的必然方式。苗族在长期的发展历程中，创造的文化灿若星辰，这些文化一直被苗族人一代一代地传承下来，而传承的方法，就是口述心记。

苗语属于汉藏语系苗瑶语族苗语支，也有专家认为，苗语属于南亚语系或孟高棉语系。苗语分为东部、中部和西部三个方言区，各方言又分有许多次方言，各个方言及次方言内部还有土语之分。各方言及次方言之间差异较大，互相之间基本上不能使用各自的苗语对话。但据专家考证，苗语各方言的共源词达 60%以上。

苗语东部方言使用人数约有 110 万，分布在湖南湘西、四川东南部、湖北西南部、贵州黔东北等地区。中部方言使用人数约为 210 万，分布在贵州黔东南和黔南东部，湖南西南部，广西融水和三江等县。西部方言是苗语三个方言中内部差别大，分布地域广，使用人数为 250 万以上。西部方言的 7 个次方言，分别是川黔滇次方言、滇东北次方言、贵阳次方言、惠水次方言、麻山次方言、罗泊河次方言、重安江次方言，分布在贵州省除了黔东以外的所有地区，四川南部、广西西北及云南各地。

那么，历史上苗族有没有文字呢？

在许多地方的苗族史诗和民间传说中，都说苗族古代曾有文字，后来由于种种原因失传了。传说在人类的大迁徙中，苗汉兄弟同过一条河，汉族把文字刻在木头上，苗族把文字咬在嘴里，结果苗族文字被吞进肚子，汉族文字被遗留下来，所以，苗族人以口授心传来记事。苗族过去是否有文字，尚无确切的考证，但秦汉以来的汉文献中没有记载。到近代，一些苗族知识分子为了发展苗族文化教育，创制了一些方言文字，如湘西方块苗文、伯格里苗文、杨松录苗文等，但推行面十分狭窄。中华人民共和国成立以后，中央人民政府明确提出帮助没有文字的少数民族创造自己的文字。1956 年 10 月，在贵阳召开了由中国社会科学院领导，苏联专家和贵州、湖南、云南、广西、四川等省（区）专家及苗族各界代表参加的“苗族语言文字问题科学讨论会”，通过了关于创立苗文东、中、西部方言三种文字方案的决议，正式创制了苗文。

由于苗族过去没有文字记录，因此，苗族的历史、生产生活和文化习俗都靠口授心传，心为纸张口为笔，是苗族的活形态文化之一。

二、歌声是苗族人的另一种语言

唱歌是苗族人日常生活的一件大事，苗族社区有歌的海洋之称。在漫长的历史进程中，苗族没有文字，但苗族丰富的歌谣忠实地记录了苗族人的历史和生活，记录了苗族创造的丰富灿烂的文化，苗族人以歌唱形式把苗族对大自然的认识、科技的发展以及祖先的生活情态等传承下来。苗歌灿若星海，种类丰富，形式多样。从产生的年代来分，有古歌、近代歌和现代歌，从内容上来分，有酒歌、情歌、劳动歌、礼俗歌、苦歌、发明创造歌、造反歌、英雄歌（英雄史诗）等，从形式上来分，有大歌、飞歌、白话歌等，另外，还有民谣、童谣等。苗歌根据其内容在不同的场合或场景歌唱，比如在酒席上唱酒歌或古歌，在游方场上唱飞歌或情歌，在喜庆时唱运金运银歌，在哀伤时唱洪水滔天歌等。歌唱时，有的高亢悠扬，有的低沉浑厚，有的声情并茂，有的如诉如泣，有的喜悦欢愉，有的幽怨哀伤，总之，苗歌能表达苗族人心中的苦难和忧伤，幸福与欢乐，彰显着极强的艺术感染力，而最感人肺腑和发人深省的应当是苗族古歌。

苗族古歌，又称为苗族史诗，是苗族民间文学的重要文类之一，长期以口耳相传的形式存在。正如苗族俗话说：前人不摆古，后人没有谱。苗族古歌是一个民族的心灵记忆，可以称为形象化的民族史，它与研究苗族的历史、语言、文化、社会生活等方面具有密不可分的

关系，具有文学、史学、民族学、哲学、人类学等多方面价值，被称作了解苗族历史与追溯苗族传统的“百科全书”[①]。因其内容的丰富性，传承的久远性和广泛性，2006年，苗族古歌被国务院列为第一批国家级非物质文化遗产。

苗族古歌有开天辟地歌、人类起源歌、洪水滔天歌、迁徙歌和英雄史诗等，另外一些歌唱发明创造、生产劳动、男女爱情的歌也属于苗族古歌的范畴，如湖南湘西的《种植歌》，贵州黔东南的《仰阿莎》，云南东北部和贵州西北部的《居诗老歌》等，而最有代表性的是开天辟地歌、人类起源歌、洪水滔天歌和迁徙歌。开天辟地歌是苗族先民对大自然奥秘的大胆探索，是苗族先民对天地形成、日月星辰的变化、风雨雷电的产生等的奇特想象，是苗族先民对大自然的初期认识。贵州黔东南的《开天辟地》、《铸日造月》、《打柱撑天》，湖南湘西的《创天》、《立地》，云南东北部的《铸造撑天柱歌》，广西大苗山的《龙牙颗颗钉满天》等，都属于开天辟地歌。这些歌内容富于神话色彩，想象奇特，立意积极，曲折地反映了苗族先民开拓天地、战胜自然的伟大功绩和理想，赞颂了人类的伟大力量[②]。而在麻山和麻山以外的苗族西部方言区贵阳、清镇、平坝、安顺、镇宁、关岭、织金、息烽、赫章、威宁、四川叙永等地流传的《亚鲁王》则属于长篇英雄史诗，叙述了西部苗族人首领创世与迁徙的战争史，以铿锵有力的诗律和舒缓凝重的叙事风格，生动地讲述了西部苗族人的由来和迁徙过程。

人类起源歌是苗族先民对人类产生的一种认知和探索，是苗族先民对人类的起源、繁衍、与天地自然作斗争的大胆想象。贵州黔东南的《枫木歌》，湖南湘西的《龙人歌》，都属于人类起源歌。洪水滔天歌则反映苗族对早期人类生活的追问和探寻，反映了人类在洪水滔天

---

① 《苗族古歌演述的田野民族志》，清华大学教师罗丹阳博士论文。

② 伍新福著：《苗族文化史》，四川人民出版社，2000年版。

中蒙受灾难，而后从洪水中生还的过程。贵州黔东南的《洪水滔天》、《兄妹结婚》，都属于洪水滔天歌。迁徙歌是苗族先民对族群迁徙过程的反映，以叙述故事的方式，歌唱苗族祖先历尽艰辛的迁徙过程。贵州黔东南的《跋山涉水》，铜仁地区的《修相修玛》，黔西北的《杨鲁话》，贵阳地区的《格罗格桑》，湖南湘西的《部族迁徙》等，都属于苗族迁徙歌。

苗歌讲究音韵和谐，押调不押韵，一般有五言体、七言体、长短句等。语言简练和谐，对答匀称，通俗易懂，易于上口，能表达丰富的思想感情，具有很强的艺术感染力，是苗族最喜爱的艺术形式之一，也是苗族口头文学的重要表现形式之一。

三、舞动的木鼓和芦笙

木鼓敲起来，芦笙吹起来，美丽的舞姿跳起来。苗族文化，主要体现在歌舞上。苗族自古以来，创造了丰富的歌舞文化，在苗族社区，有歌就有舞，正如古人所说的言之不足歌之，歌之不足舞之蹈之。苗族的音乐和舞蹈种类很多，音乐除了苗歌以外，主要有鼓、芦笙、唢呐、木叶、锣、箫笛等，舞主要有鼓舞、芦笙舞、板凳舞、竹竿舞、粑棒舞等。其中最主要为鼓舞和芦笙舞。鼓舞的种类又有木鼓舞、水鼓舞、花鼓舞、单人鼓舞等，芦笙舞又有集体芦笙舞、芒筒芦笙舞、单人芦笙舞等。湖南湘西的花鼓舞、猴鼓舞、年鼓舞，贵州省南部的铜鼓舞，贵州黔东南的木鼓舞等，都是苗族喜闻乐见的鼓舞。最普通最常见的是集体木鼓舞和集体芦笙舞，舞动的木鼓和芦笙，在苗族社区是最普遍的舞蹈形式，具有广泛的代表性。

木鼓和芦笙，是苗族的主要乐器。苗族在祭祖或招龙等盛大的祭祀活动中，木鼓和芦笙是必不可少的器乐。每于举行招龙活动时，有的苗族社区都要扛着芦笙或抬着木鼓走向最高的山峰，吹笙击鼓举行

招龙仪式，以芦笙或木鼓为旗，从峰巅上沿着山脊把龙招回自己的村寨，让龙在村寨边的龙塘里居住，保佑寨人平安吉祥。此外，芦笙和木鼓又是苗族人最喜爱的乐器，芦笙的乐曲高亢悠扬，木鼓节拍清晰悠远，这些芦笙曲和木鼓节拍，一直在苗族人的心里吹奏和敲击着。每逢节庆，苗族人都要将芦笙或木鼓抬到宽敞的鼓坪或芦笙坪，敲起欢快的木鼓，吹起悠扬的芦笙。男男女女，老老少少，载歌载舞，随木鼓或芦笙的节拍欢跳木鼓舞或芦笙舞。

芦笙盛会

木鼓种类有别，从使用场合上来分，有祭祖鼓、对鼓和单鼓。祭祖鼓和对鼓，是用以祭祀之用，祭祀时才能敲击。单鼓是跳木鼓舞时使用，也是最常用的木鼓。从舞步形式上来分，有水鼓舞、反排木鼓舞、四方舞、六方舞、黑鼓舞等。每逢节庆，苗族人将木鼓架在鼓场中央，一人敲击出有规律的鼓点，其他人穿着节日盛装围着木鼓，翩翩起舞，热闹非凡。木鼓一般用枫木、楠木或樟木制作，选材时要选伐树干挺直，枝叶茂盛的树木，以求吉祥美好。芦笙有小芦笙和大芦笙，有单芦笙和组合芦笙，有民间常用芦笙和演奏芦笙等，由三至七只组合而成的高排芦笙最为常见。一有节庆，苗族人扛着芦笙架在芦笙场中央，芦笙手吹奏出高亢悠扬的芦笙曲，男男女女围着芦笙踩芦笙舞，随着节奏的快慢，一会儿转圈儿，一会儿轻快地前行。有些苗族地区，则由芦笙手扛着芦笙在前面边吹芦笙边领队，后面的人随着芦笙踩芦笙舞，长长的队列围成一个圈，人多时则围了一层又一层。舞动的木鼓和芦笙，成为苗族最喜闻乐见的文娱活动。

四、东方迪斯科——台江返排木鼓舞

居住在贵州省黔东南的苗族特别喜爱木鼓舞，每于节庆，都要击鼓为乐，大家聚在一起欢跳木鼓舞。木鼓舞以台江、剑河、雷山等县市最具代表性。台江县的反排木鼓舞因其舞姿粗犷奔放，洒脱优美而最受到人们的喜爱。2006 年，被国务院批准列入第一批国家级非物质文化遗产名录。

反排村位于台江县南部，民族文化资源丰富，至今仍保存着以木鼓舞为主要文化特征的苗族文化生态圈。反排木鼓舞，即是该苗族社区钟爱的民间舞蹈，也是苗族祭鼓节的重要活动项目，它以舞蹈的形式连接着苗族社会过去、现在和未来，是苗族文化的重要纽带之一。在台江县反排苗族社区，有过十二年一次的祭鼓节习俗。每逢丑年，反排苗族都要宰牛祭祖，在祭祖仪式上开展盛大的节庆活动，木鼓舞就成了节庆活动的最大亮点。

台江县反排木鼓舞结构完整，动作简练，组合得当，以热烈豪迈、奔放洒脱、积极向上的风格，完美地表现苗族先民的由来及其生活的地理环境和生活状态。反排木鼓舞以递进的方式，逐步把情节推向高潮，每个情节层次分明，过渡自然。舞者歌舞并进，五体皆动，甩同边手，脚开合度大，踏二四拍，手、头、肩、腰、臀、腿各部位在鼓

点节拍中伸展自如，和谐统一，整个舞蹈动作模仿鸟、兽、虫、鱼、禽的动作，由斑鸠舞、斑鸠合翅舞、五祖宗舞、打猎舞等五个章节组成，击鼓者采用单击、合击、交错敲击等演奏手法敲击木鼓，鼓点错落有致，节奏明快，与舞蹈有机地结合在一起。五个章节分别表现苗族先民的迁徙情境，他们跋山涉水，披荆斩棘，开垦田土，寻求美好家园。这是一种祭祀性舞蹈，也是一种娱乐性舞蹈，彰显了苗族人和睦相处，团结互助，不忘历史的精神风貌。

相传，远古时候，反排苗族的始祖放耶古原来住在东方，因遭受其他部落的攻击，他的儿子勇耶古和女儿仰妮耶古双双逃奔来到反排居住。由于长年生活在深山里，劳动之余，兄妹俩常以虫鸣鸟叫为音乐，手舞足蹈，自娱自乐。一次，他们听到啄木鸟啄木的声音，节奏明快，清脆悦耳，于是缘木而上，发现此树原来已经空心，击之有共鸣响声。他们把树砍倒制成木鼓，作为舞蹈的伴奏乐器。到丑年时，勇耶古和仰妮耶古为使失散的族人团聚，举行了斗牛赛活动，请大家观赏，并将斗败的牛宰杀来祭祖和款待族人。在酒席上，他们为族人表演了自己的舞蹈，并传授给大家，全族人顿时舞蹈狂欢，庆贺团聚。反排木鼓舞由此诞生，沿袭至今。

反排木鼓舞动作粗犷豪迈、矫健敏捷、灵巧活泼，表现了山区苗族人的勇毅气质和顽强生命力，是世界民族文化的一朵奇葩。1990年，反排木鼓舞表演队到中南海演出，受到国家领导人的青睐。之后到英、美、加、意等十多个国家和地区演出，被誉为“东方迪斯科”而遐迩闻名，誉满全球。

五、剑河苗族水鼓舞

生活在贵州省黔东南剑河县革东镇大稿午村的苗族人，每年都过一次水鼓节，在这个节日里，全村人团聚在一起，跳起自己的祈雨舞蹈——水鼓舞。水鼓节一般连续三天，在水鼓节期间，来自台江、镇远、施秉、剑河等县数十座苗族村寨的宾客，少时数千人，多时上万人，都要穿着苗族盛装汇入其中欢跳水鼓舞。这种舞蹈形式是剑河县革东镇大稿午村苗族所独有，舞蹈从起源至今，已有500多年的历史。水鼓舞蕴含着苗族丰富的水文化、鼓文化和稻作文化因子，是水、鼓、舞高度统一结合的中国苗族特色文化，被专家、学者誉为民族原始舞蹈的活化石。2005年，大稿午苗族水鼓节被列入贵州首批省级非物质文化遗产代表作名录。2009年10月，剑河县大稿午苗族水鼓舞参加第五届CCTV电视舞蹈大赛，在群文组决赛中荣获金奖。之后应邀赴加拿大等国家和地区演出，享誉海内外。2012年，又应中国农民电影电视中心邀请参加中国农民春节联欢晚会，水鼓舞又一次令世人所瞩目。

苗族水鼓舞

舞蹈分为祭祀、起鼓、踩鼓、狂欢四个部分。祭祀就是在起鼓之前的祭祀仪式，众人挑着祭品，来到寨脚的水塘里，焚香烧纸，杀鸭和洒酒，祭祀先人和天地，祈求风调雨顺，在祭师的引领下，众人齐

呼：雷公啊下雨来！于是两人抬着木鼓置于水塘中央，举行起鼓仪式。在起鼓仪式上，男性身着女人衣裙，倒披蓑衣、脚穿草鞋或赤足在河中一边踩鼓，一边喝酒吃肉，一边拊水掷泥嬉戏。女子们在河岸高唱飞歌助兴。起鼓仪式结束后，又抬着木鼓回到寨中央的木鼓场，从四面八方拥来的苗族人穿着盛装围着木鼓欢跳木鼓舞，直至高潮。水鼓舞从庄重严肃的祈雨过程，到普降大雨的欢乐场景，始终贯穿着苗族人的农耕意识和追求幸福生活的美好愿望，舞蹈动作大方奔放，刚劲有力，节奏明快，震撼力强，并蕴含着深刻的苗族文化内涵而深受人们的广泛喜爱。

水鼓舞是怎样起源的呢？相传某年，由于久旱不雨，田土干裂，溪水断流，天下遭受旱灾。大稿午苗寨有位叫告翌仲的老人为寻找水源来到了今天起鼓的地方挖井取水，不慎被倒塌的泥土掩埋死亡，当天晚上，老人托梦给他的子女说，这个地方很好，就让他在此长眠。第二天，子女们便带上香纸前去井边祭奠，随后便普降甘露。从此之后，每当遇到久旱不雨，大稿午苗族人便挑着祭品，抬着木鼓，相约来到今天起鼓的地方，进香烧纸，杀鸭祭祀，欢跳水鼓舞，上天必普降甘雨，于是水鼓舞相沿成俗。

六、纳雍苗族芦笙舞“滚山珠”

乌蒙山脉在磅礴向东延展中，形成了一座座巍峨的山峰。在这些巍峨的山峰中，有一座海拔高度达 2900 多米的美丽山峰叫韭菜坪。贵州省纳雍县的苗族人就生活在这座美丽的山峰之下，创造了自己灿烂而独具特色的文化。其原生态苗族芦笙舞“滚山珠”以高超的表演技巧、敏捷灵活的步调和明快的节奏感而深受中外观众喜爱。在众多苗族歌舞节目中，成为人们最为关注的舞蹈之一。因此，纳雍县苗族芦笙舞“滚山珠”已走出山门、国门，多次出访了挪威、荷兰、比利时、法国等国家，并荣获过国家民族舞蹈金奖，使苗族芦笙舞名震中外，享誉全球。2005 年，纳雍苗族芦笙舞“滚山珠”正式注册，2006 年，经国务院公布为第一批国家级非物质文化遗产名录。

苗族芦笙舞“滚山珠”，原名“地龙滚荆”或“滚地龙”，产生于贵州省纳雍县猪场苗族彝族乡，舞蹈再现了苗族先民征服大自然而长途迁徙的历史。传说在远古时期，苗族人的祖先在大迁徙途中来到黑洋大箐，道路坎坷，荆棘遍野，英勇的苗族青年为了给族人开辟一条通道，用自己矫健的身躯从荆棘中滚出一条路让族人通过，到达黑洋大箐安家落户。人们为了永远纪念这些青年人的功绩，就模仿他们用身躯滚倒荆棘的动作，经过一代代的创作，形成了苗族芦笙舞“滚山珠”。传统的“滚山珠”一人或数人均可表演。表演时不管动作怎样艰苦高难，表演者都要手持芦笙，口吹芦笙，保持笙不离口，曲音不断，笙与舞自始至终相合相配，协调行进。现在，苗族芦笙舞“滚山珠”，已经走向了世界大舞台，舞台表演的苗族芦笙舞“滚山珠”已在艺术形式上进行提炼和加工，除保留传统舞蹈中已有的舞蹈语汇和动作，如蜻蜓点水、骏马奔驰、地龙滚荆等之外，又创造了二人立、三人立、叠罗汉、双飞燕等动作和造型，使苗族芦笙舞“滚山珠”得到了又一次艺术升华。

纳雍苗族芦笙舞“滚山珠”，舞蹈动作主要来源于生产和生活，一般在农闲或重大节日活动中表演，特别是苗族一年一度的花坡和花场节上，苗族人穿着节日盛装，手捧心爱的芦笙聚集到花坡或花场上，载歌载舞。“滚山珠”动作古朴，刚柔相济，集芦笙吹奏、舞蹈表演、技巧艺术为一体，独特的表演风格，深受世人欢迎。

七、西部方言区苗族大迁徙舞

苗族大迁徙舞流传于贵州省大花苗支系，盛传于赫章县可乐、河镇、德卓等乡镇苗族社区。大迁徙舞，苗族称为“够戛底戛且”，意思

是寻找居住的地方，是贵州省赫章县苗族记载苗族大迁徙历史过程的民间舞蹈。它以史诗般的舞蹈语汇，叙述了苗族大迁徙的苦难历程，艺术地再现了苗族大迁徙的历史画卷。

西部方言区苗族芦笙舞

苗族大迁徙舞气氛热烈，舞步沉稳凝重，动作轻捷古朴，芦笙曲伴随古老歌谣，追思了苗族先民历尽艰辛之后，找到理想家园的漫长历程。大迁徙舞的舞蹈服饰蕴含深意，尤其是男女披衫，以及舞蹈中使用的弩、羊角杯、芦笙等独具特色。苗族大迁徙舞共分三场。第一场为鸡叫舞，表现苗族先民群迁的场面。在鸡叫黎明时分开始整队出发。群迁有踮脚步、踢走、爬坡三个动作。第二场为行路舞，表现苗族先民迁徙途中的场面。动作有留恋、回望、强身、打鸟、探河、站立、甩腿欢跳、给河神敬酒、接酒等，回头看和歇息两个动作表示对故土的留恋。渡河时，用水牛渡过了浑水河。第三场为天亮舞，表现胜利渡河后的欢乐场面。舞蹈中的角色，第一个吹芦笙的人为指挥者，从第二个直到倒数第二个的位置都是队员，最后一个持弩者为护卫，是大迁徙舞的另一个重要角色。站在队伍前面手持火把者，手持熊熊火把，唱着嘹亮的歌，引领大家走向未来。他们相信，有一线光明将出现在遥远的地方。嘹亮的迁徙歌唱道：格蚩尤老，格漏爷老，看了事态处于非常，心里深重没奈何，这段悲惨史啊，要让子孙纪念它，作史诗来唱，叫苗家后裔，世世代代永流传！

苗族大迁徙舞是苗族文化园中一朵绚烂夺目的艺术奇葩，具有独特的艺术价值和历史价值。整套系列动作与苗族迁徙历史内容相统一，舞蹈形象生动，含义深刻，极富想象力与创造力，体现了独特的艺术风格，是苗族迁徙历史的艺术再现，是苗族千百年来在艰苦环境中形成的精神文化的一种直观载体。这种不畏艰险的奋斗精神也是中华民族精神财富中一个重要的组成部分。

苗族大迁徙舞，在西部方言区苗族中具有很大的影响。每逢节日，或者婚嫁祭祀等场合，不论在家庭场院或荒坡野地都可随性舞蹈。苗族大迁徙舞来源于苗族社会生活，古朴典雅，世代传承，是苗族传统文化中的精品之一。

八、飞翔的锦鸡舞

在苗岭山脉雷公山西南麓的排调山区，有一座海拔 1701 米的山峰叫牛角山，这座山峰横跨着贵州省雷山、丹寨两县。在牛角山的周围，居住着一个苗族支系，自称为“嘎闹”。“嘎闹”苗族支系穿麻鸟型超短裙服饰，在长期的生产劳动中，他们依赖大自然而生存，与自然界中的森林鸟兽有着亲密的关系，模仿自然界创造了很多喜闻乐见的民间歌舞。锦鸡舞就是其中最受欢迎的一种，它表现了苗族人古老而绚烂的美感追求，是民间舞蹈中一朵绚烂的山花。20 世纪 80 年代，锦鸡

舞多次到意大利、匈牙利、南斯拉夫、奥地利和罗马尼亚等国参加国际艺术节演出，博得了西方观众的阵阵喝彩。1989年，锦鸡舞参加大连“首届中国民间艺术节”表演，赢得了专家学者的高度赞赏。1995年，黔东南州人民政府为《锦鸡舞》节目颁发创作一等奖。2002年，参加“中国凯里国际芦笙节暨民族服饰文化节”表演，一举夺得了芦笙舞蹈艺术大赛一等奖。

苗族在祭祖活动中，都要有歌舞来完成礼仪，以歌颂祖先，以舞娱神。“嘎闹”苗族支系祭祖时，他们的主要舞蹈形式就是锦鸡舞。除了祭祖以外，每逢节庆，如民间的婚庆、迎客礼仪中也常常欢跳锦鸡舞。锦鸡舞以芦笙伴奏，舞蹈时女性高绾发髻，头戴锦鸡银饰，穿绣花超短百褶裙，戴全套银项圈银手镯，脚穿翘尖绣花鞋，打扮得像美丽的锦鸡一样。男性吹芦笙作前导，女性随后起舞，排成一字形，沿着逆时针方向转圈。随着芦笙曲调的节拍，头上的锦鸡银饰跃跃欲飞，银角轻摇，腿边花带左右飘闪，百褶裙摆的洁白羽毛翻飞自如，翩翩曼舞，像一群锦鸡在嬉戏觅食。舞蹈以四步为主，腰膝的自然摇动为舞蹈的基本动作。每跳一步，舞者双膝同时自然向前颤动，下肢动作多，上肢动作少，双手于两侧自然放开，悠然摆动。人多时，芦笙手在中间围圈吹跳，女性在外围成圆圈漫舞。民间锦鸡舞的芦笙曲调丰富，乐曲有一百多首，轻快流畅，优美动听。

有一篇标题为《在山地舞蹈永无止境》① 的散文，作者是这样写的：“舞台无处不在，人人都是主演。这就是独具魅力的锦鸡舞。这种流传久远的民间传统舞蹈别具一格，它是身穿麻鸟型超短裙服饰的苗族族群的共同舞蹈。就像藏族人共同的堆谐或者卓见或者弦子舞，或者西班牙人共同的弗拉门戈……锦鸡舞流传于排调山区的苗寨，这些苗寨都落居在丛林深处，无论男女老少均能跳锦鸡舞，尤其是造房婚

---

① 《在山地舞蹈永无止境》，《贵州民族报》，2008年6月26日。

娶的时候，节日喜庆的时候，当芦笙吹响，人们相继而来，纷纷加入，围成圆圈起舞，足音跶跶，持久地敲在丛林密布的山地里，敲在自己的心坎上。据说，苦难能够让跶跶的锦鸡舞步敲成欢乐。我想，那一定是一种对自己的灵魂深处的告慰，一种坚毅的气质和精神!”

苗族锦鸡舞源远流长。相传，苗族“嘎闹”支系在迁徙的历史进程中，美丽的锦鸡帮助苗族先民找到了最后定居的地方，又为人们带来了谷种。苗族先民一边耕作，一边打猎，把锦鸡视为他们的命运吉星，于是模仿锦鸡，缝制百鸟衣，创造了锦鸡舞。就这样，年复一年，一代一代地传下来，流传至今。

第三节　苗族建筑与生态环境

一、从茅草屋到现代化建筑

苗族建筑物，一般有房屋建筑、桥梁建筑和石坎建筑。房屋有茅屋、木皮屋、瓦屋、竹屋、石屋、土坯屋和钢筋混凝土屋等。桥梁有风雨桥、木桥和石桥。石坎，就是用石头砌筑的保坎，多砌筑于屋基、田坎、河堤等。苗族工匠利用木材和石材，修筑风雨桥和石桥，以及砌筑保坎。苗族工匠师继承祖先的技术而又不断革新，不用一钉一铆，不用钢筋水泥，修筑的建筑物则坚固无比，这确实是苗族建筑的一种创举。横在溪上的桥梁，除了风雨剥蚀，材料腐化而需更换，或者洪水冲毁之外，一般不会有技术性的垮塌。在苗族社区一些原始森林里行走，总会发现一堵横在前方的石坎，那些石坎砌筑年代已经无法考证，它们屹立在山野里，自古以来坚固无比。而房屋建筑，则最能够代表和见证苗族建筑的水平和发展历史。

苗族房屋建筑的发展衍变随时代的变迁而不断更新，其基本发展

历史是从茅屋到木皮屋，从木皮屋到瓦屋和现代化钢筋混凝土屋。苗族居住茅草屋的历史，应当从九黎部落集团的时代算起至清代，时间不少于5000年。在漫长的历史中，苗族人长期居无定所，当他们开辟新的家园时，草草地为自己修建一间小小的茅屋栖身，遮风挡雨，元气刚刚恢复，他们又被外族驱逐而走上了新的迁徙之路。木皮屋出现的时代也无据可考，但基本上与茅草屋是一个时代产生，而大量被瓦屋取代的时代是在中华人民共和国成立以后。在边远的苗族社区，居住茅草屋和木皮屋的时间更长，到了20世纪70年代，许多苗族社区基本上居住木皮屋。今天，仍有个别苗族人居住在盖木皮的房屋里。

苗族鼓楼

苗族社区瓦房的出现，是在明代的改土归流之后。从茅草屋到瓦屋，是苗族居住条件上的一大改进。瓦房首先在熟苗区出现，渐变为苗族的主要居所。瓦房是在茅屋和木皮屋的基础上改进而来的。茅屋、木皮屋和瓦房，它们的区别在于屋顶，其屋的主要构件实际上没有很大的差异，统称为木屋。其构件以木为柱，以板为墙，有三柱屋和五柱屋，开间一般为三间，也有单间和两间或多间。现在，盖瓦的木屋，在苗族山区仍然是人们的主要居住房，人们利用丰富的木材资源优势，把木屋建造得美轮美奂，许多户人家构成一座美丽的苗寨，古朴的青瓦在阳光下闪着幽暗的光泽，与大自然十分和谐。

现代化钢筋混凝土屋，是现代化的产物。20 世纪下半叶，这种房屋在苗族社区开始出现。2000 年以后，随着现代化进程的加快，苗族社区经济格局发生了巨大的变化，古朴的苗寨逐步矗立起现代化的房屋。

二、依山而建吊脚楼

在高山峻岭之间，森林覆盖着原野，溪河在谷地上奔流不息。清晨或傍晚，一缕缕炊烟从丛林深处升起来，弥漫着整个原野。当一些鸡鸣或狗吠从山林中传来时，放眼望去，一座苗寨依偎在大山密林中，或者堆叠在溪河的两岸，与森林一起呼吸着大地上的清新空气，沐浴在和煦的阳光之下。

那些苗寨一律是木建的楼房，一幢叠着一幢从斜坡上建造下来，高高的木柱伸出来，就像伸出一条条美丽的腿脚。那就是苗族的吊脚楼，那是苗族很有代表性的住房结构和风格。在贵州省黔东南境内，无论坐着汽车在公路上奔驰，或者乘坐火车从原野上驰过，一座座苗寨从车窗外掠过，寨上

苗族木楼结构

的建筑都是那种美丽的吊脚楼。著名的贵州省千户苗寨西江，就以这种建筑风格吸引着成千上万的中外游客。

苗族吊脚楼是南方干栏式建筑的一种形式，通常建造在斜坡上，或者溪河两岸，根据坡度的大小依地形地势构建，一般分为两层或三层。屋基修建成两个梯级土台，依据屋基的地势，把木瓦屋建造在上面，高高的吊脚之上是一道长长的楼廊，楼廊的中间段安装一张长长的靠凳，人称美人靠，供家人和客人闲时歇息。坐在美人靠上，山风从谷里吹上来，一股清新的空气袭来，让人神清气爽。

苗族吊脚楼

一楼就是第一级土台，高高的楼柱伸下来，用木板装订或砖石砌为简易的墙，以供堆放杂物或作牲口圈。第二个土台为二楼，一半为实地，另一半是从一楼延伸上来的楼层，主要为火塘、堂屋和卧室，是主人起居之处或接待来客的地方。三楼堆放粮食或杂物。苗族吊脚楼通常为四排五柱扇三间房，另一侧建偏厦，偏厦大多用作厨房。屋顶盖杉木皮或青瓦，平顺严密，大方整齐，与周围的环境极为协调。

苗家吊脚楼宽敞明亮，中堂前有大门，分两扇对开，两边各有一窗。房间在堂屋的两边，门从堂屋进，左右房门对称。房间外侧，开有格窗，夏天，推开格窗的木板，可享受外面的凉风。冬天，关闭格窗的木板，可享受火塘里的温暖。吊脚楼是苗族的传统建筑，是苗族建筑的一绝，是中国南方特有的古老建筑形式之一，因其依山傍水，鳞次栉比，层叠而上，与大自然和谐相生，被建筑学家赞为最佳的生态建筑形式。

三、梭戛苗族生态博物馆

磅礴绵延的乌蒙山脉横亘在云贵高原中部。在乌蒙山腹地的贵州省六盘水市六枝特区与毕节地区织金县的交界地，生活着一个族群，他们就是被人们称为箐苗或长角苗的苗族支系。这个苗族社区地跨六枝特区和织金县，覆盖土地面积 120 平方公里，所辖社区 12 个，总人口 5000 人以上。这个苗族支系地处高山，海拔在 1400～2200 米之间，土地贫瘠，水源匮乏，自然条件和生活环境独特。生活在这里的苗族人依山建寨，居住在原始古朴的土墙茅房里，日出而作，日落而息，过着男耕女织的农耕生活，保持着完整的传统民风民俗，沿袭着一种古老的、以长角头饰为特征的苗族文化。1998 年，中国和挪威两国在此建立了亚洲第一家民族生态博物馆——梭戛苗族生态博物馆。

梭戛苗族生态博物馆位于贵州省西北部六盘水市六枝特区梭戛乡内，距六枝特区政府所在地 42 公里，博物馆以民风民俗保存最为完整的高兴村陇戛苗寨为资料库，建立在梭戛乡高兴村，距乡政府 3.8 公里。在梭戛苗族生态博物馆覆盖的苗族社区里，除了所辖的 12 个苗族社区以外，周边方圆 50 公里的其他村寨民居建筑格局变化超过了 50%，而保护区内的民居建筑格局变化很小，其中陇戛苗寨的变化小

于15%。在周围的村寨里，很难看到身穿苗族服装的人，而在陇戛，不仅仅可以看到身穿苗族服装的人，而且保持着苗族古老的风俗习尚。

梭戛苗族姑娘发式独特硕大

（图片来源：《民族画报》资料）

梭戛苗族的独特之处，在于妇女头顶上戴有形似长角的大木梳，两角高于头顶两侧，角上盘绕着沉重的头发。头上绑扎的木制角长约两尺，黑发套与白毛线绑扎成人字形的硕大头饰有3～6公斤。此外，独特的婚嫁、丧葬和祭祀礼仪，别具韵味的乐器三眼箫、口弦、木叶、唢呐、芦笙、牛角，精美的刺绣蜡染艺术，以及别具特色的跳花坡、祭树节、祭山节和耗子粑节等苗族节日，展现了梭戛苗族的文化魅力。

1998年10月31日，梭戛苗族生态博物馆正式落成开馆，躲藏在大山深处的梭戛苗族原始、古朴、独特的文化习俗对外打开了尘封已久的大门，引起了专家学者的极大关注，一批批专家和旅游者前往探访观光。翻越在高山峡谷里，跋涉在崎岖山路上，绵亘的群山中散落着一座座低矮的土墙茅草房。梭戛苗族妇女头缠着两尺多长的木角，坐在房前用陈旧的织布机纺麻织布，穿着蓝色粗布褂子的男子挥舞锄头，吆喝着耕牛在田地里劳作。一幅幅画面，展现了梭戛苗族千百年来在这里安居乐业，与自然和谐相处的情景。走进梭戛苗族人的生活空间里，体验梭戛苗族的生活习俗，就能感受到苗族千百年来坚守的独特文化韵味。

第四节　文学：苗族人的精神高地

一、写在口耳上的大书

在苗族民间，文学无处不在。黄昏，坐在苗族人的小木屋前，你能听到苗族人的文学唱叙。入夜，星星在蓝空上闪烁，孩子们围着苗族老人摆古[①]，跌宕的情节和奇特的画面就会在人们的眼前演绎。在劳作中，在酒席上，在高山，在平地，你都能听到苗族人在叙述着自己的文学。从远古走来的苗族人，就那样一代代地把文学写在口耳上，写在大脑上，写在大地和时空中。

苗族口头文学特别丰富，从创世古歌、神话、传说故事，到反映苗族社会生活和斗争历史的史诗、叙事长诗、歌谣等，形式多样，它是世世代代苗族人智慧的结晶，也是苗族数千年来的艰辛历程和卓越斗争的缩影，是苗族各个历史时期社会生活的艺术再现，是苗族民间流传下来的艺术珍宝。

历史上的苗族没有自己的文字，其历史文化、创造发明和文学艺术，都不能用书面来记录和传承，而是以口耳传承、口述心授的方式

① 摆古，即讲故事。

进行记录和传承。因此，苗族口头文学尤其丰富，博大精深。苗族口头文学，可按照其产生的时代，以及反映的内容和时代特征，大体分为原始口头文学，上古时期口头文学、中古时期口头文学、近古时期口头文学和近代口头文学等。[①]

苗族原始时期口头文学，是原始时代的苗族先民在长期的生产生活中，对自然现象和人类自身产生的一些朴素认识的反映。苗族原始口头文学，以诗歌、神话、传说故事为主要表现形式，尤其是广为流传的苗族古歌，最能体现苗族原始时期口头文学的系统性和丰富性。这些口头文学，主要有开天辟地歌、人类起源歌、洪水滔天歌、生产劳动歌、创造发明歌等。上古时期的苗族口头文学，主要以诗歌和传说为主，有迁徙歌、爱情歌等。中古时期口头文学有传说故事、苗族起义史诗等。近古时期口头文学，主要有苗族起义史诗、传说故事以及生产生活歌等。近代口头文学，有造反歌、苦歌、爱情歌，以及以现实生活为题材的传说故事等。

综观苗族口头文学，基本上是说唱艺术的综合体现，展示了苗族口头文学的多维视野，天地人间，万物起源，人伦道德，风俗习尚，历次起义斗争等，包罗万象。这不仅是苗族社会的发展过程的艺术再现，也是苗族先民给人类留下的一笔宝贵财富。

二、王安江的荷马精神

20 世纪下半叶和 21 世纪初，有一个身影像幽灵一般在苗族社区游荡，他就是贵州省台江县台盘乡棉花坪村的王安江。他是普通的苗族农民，也是著名的苗族“歌王”。他历经半生的流浪和乞讨，矢志不渝，足迹踏遍贵州、江西、福建、云南、湖南、广东、广西等省区以

① 伍新福著：《苗族文化史》，四川民族出版社，2000 年版。

及越南、缅甸等国内外的600多座苗寨，行程近5万公里，相当于绕行地球一周多，为的就是搜集《苗族古歌》。2005年，王安江用40年时间搜集整理的苗族古歌《王安江版苗族古歌》分为上下集，由贵州大学出版社出版发行，王安江也被评为第一批国家级非物质文化遗产项目代表性传承人。从此，有人称他为苗族文学史上的荷马，他的身上绽放着一束荷马精神的光芒。

《苗族古歌》又叫《苗族史诗》，全诗分为《开天辟地》、《蝴蝶妈妈》(也叫《枫木歌》)、《犁东耙西》、《洪水滔天》、《打柱撑天》、《运金运银》、《跋山涉水》（又叫《溯河西迁》或《五对妈妈》）等多部，记录的是苗族先民关于天地形成、人类诞生、万象悲欢，以及苗族人在洪水滔天中复生等的假想和生活历程，规模宏大，浩如烟海，以大胆的想象和奇特的夸张手法，唱述了苗族自古以来的历史画卷。王安江21岁起对苗族古歌进行搜集整理，历时40年，他不辞辛劳，一边温习苗文，一边在苗族社区行走，不顾妻离子散，将流传于苗族民间的《开天辟地》、《耕地育枫》、《跋山涉水》、《仰阿莎》、《嫁女歌》、《诓婴歌》、《打菜歌》、《造纸歌》、《丧亡歌》等12部苗族古歌搜集整理，手稿共3200页，76800行，384000字。

《王安江版苗族古歌》的出版发行，不仅实现了一代“歌王”的夙愿，也让一部博大精深的《苗族史诗》以文字的形式永久地流传于世，就像伟大的诗人荷马一样，他为人类留下了一笔不可估量的精神财富。

三、作家文学的涌现

从文献资料来看，从明代开始，苗族产生了书面文学。随着明朝改土归流政策的实施，熟苗区开始兴办学堂，苗族子弟可以在学堂里学习汉文化。苗族的第一批文人作家就这样诞生了。此后，苗族作家文学逐步得到发展。但是，由于时代的局限性，苗族知识分子发展缓

慢，早期的苗族书面创作未产生过有影响的作家和作品。20 世纪上半叶以后，苗族才出现了一批富有创作实力的作家，其中沈从文就是被国际公认的具有世界影响的大师级作家，他的代表作《边城》不仅是 20 世纪中国文学最杰出的顶峰作品之一，也是享誉世界的名篇佳作。[①]

新中国成立以来，苗族文学有了很大的发展，形成了一支强大的作家队伍。据专家统计和考证，目前，中国苗族已经涌现了近 300 名作家，其中中国作家协会会员 60 人，省级作家近 200 名，基本达到加入中国作家协会条件的作家若干人。这些作家创作了大量的文学作品，伍略[②]就是其中很有代表性的苗族作家。1950～2006 年的 50 多年间，中国苗族作家共创作出版了 100 多部长篇小说，400 多部中短篇小说，100 多部短篇小说集，100 多部散文集，100 多部戏剧和影视剧本，50 多部诗集。作家文学蓬勃发展，1985 年以后，相继召开了三次全国苗族文学创作座谈会，会议就苗族文学发展的成就进行了总结和研讨，极大地推动了中国苗族文学的发展。1986～2006 年，中国苗族作家和作品总量有了大幅度的增长。这期间，编写了《苗族文学史》、《中国苗族文学丛书》、《20 世纪中国苗族文学作品精选》、《百名中国苗族作家传略》、《百年中国苗族文学大事年表长编》等。2008 年，编辑出版了大型苗族作家丛书《当代中国苗族作家作品选集》（25 卷），并在人民大会堂召开了第一届全国苗族作家文学研讨会，充分展示了中国苗族作家的巨大成就。

四、沈从文和《边城》

1902 年，沈从文出生于湖南省凤凰县一个破产地主、旧军人家庭。

---

① 乐黛云、朱群慧著：《中国少数民族作家文库·苗族作家作品选集》总序，民族出版社，2008 年版。

② 伍略（1936－2006），原名龙明伍，贵州省凯里市人，作家，著有小说集《卡领传奇》、《山林恋》等。

14岁以后，在沅水流域生活，并在湘西土著部队里担任司书等职务。20岁，上北京求学并开始进行文学创作。1924年开始发表文学作品。1926年，第一部文学作品集《鸭子》由北新书局出版。此后，沈从文先后出版了短篇小说集《蜜柑》、《入伍后》、《十四夜间》、《旅店及其他》、《好管闲事的人》、《沈从文子集》、《石子船》、《虎雏》、《都市一妇人》、《春灯集》、《黑风集》等，中篇小说《旧梦》、《阿黑小史》等，长篇小说《边城》、《长河》等，此外，还发表了大量散文，如散文集《湘行散记》、《从文自传》、《湘西》等。

20世纪30年代，沈从文的文学创作走向高峰，成果丰硕，成为中国现代文学史上一颗璀璨的明星。在此期间，沈从文历任吴淞中国公学、青岛大学、武汉大学、西南联大、北京大学等校教授，并主编《大公报》、《益世报》等文艺副刊。50年代初，沈从文离开北京大学，调到中国历史博物馆，其精力基本上转入历史文物研究工作。1980年，因为他在文学创作上的成就和独树一帜，被国外一些团体提名作为诺贝尔文学奖的候选人。1988年，诺贝尔文学奖已经决定授予沈从文，可惜还没有等到该奖颁发，沈从文就与世长辞了①。这成了苗族文学史上的一大遗憾，也成了中国文学史上的一大遗憾。由于各种原因，沈从文从事文学创作的时间前后大约有26年，他的作品总计648部篇，先后结集出版有64部，有多部作品被国外翻译出版②。

沈从文的小说，有一部分写军旅生活，如《入伍》、《传事兵》、《虎雏》等，有一部分写青年男女的爱情故事，如《旅店》、《旧梦》、《或人的太太》、《春》、《八骏图》等，有一部分写湘黔边境少数民族的生活，尤其是苗族人的生活，如《龙朱》、《神巫之爱》等。此外，还

---

① 乐黛云、朱群慧著：《中国少数民族作家文库·苗族作家作品选集》总序，民族出版社，2008年版。

② 十四院校编写组编：《中国现代文学史》，云南人民出版社，1981年版；伍新福著：《苗族文化史》，四川民族出版社，2000年版。

有大量描写湘西辰河、沅水的旅途见闻的散文，如《鸭子》、《湘行散记》、《湘西》等。沈从文的小说和散文，接触了广阔的社会生活和多样的题材，写出了各阶级、各阶层的各色各样人物，最主要的是反映了底层民众的苦难和挣扎，揭露了旧时代的腐败和丑恶，语言清新活泼，成了典型的乡土文学，有较高的思想性和艺术感染力。

沈从文最有代表性的小说是《边城》。小说以重庆和湖南边境的小山城茶峒和距离一里地的碧溪岨渡口为背景，以浓厚的地域特色和牧歌情调，生动形象地描述了渡口老人的独孙女翠翠和城里掌水码头的团总顺顺的两个儿子间的爱情故事，情节婉转缠绵，语言优美，动人心弦，一个世外桃源般的生活世界呈现在读者眼前。作品避开了时代和斗争，营造了一个独立的人生形式，揭示了人性美的魅力，从而使作品具有深远的意境，深受读者的喜爱。因此，《边城》也成了最受人们关注的作品之一。

总之，沈从文的文学创作独树一帜，不仅为苗族文学开了一代先河，为苗族文学的发展作出了卓越的贡献，而且在中国文学史上和世界文坛上占有重要的地位。

五、网络上的苗族文学

随着传媒手段的不断发展，和其他民族的文学一样，苗族文学也不断在网络上涌现。苗族有识之士创建了许多关于苗族文化的网站，这些网站都开设有文学版块。三苗网上的“文学苗族”版块，中国苗族网上的“苗族文学”版块，优酷旅游网上的“优酷美文”版块，苗族文化网上的“文学”版块等，都大量篇幅发表了苗族作家的小说、戏剧、诗歌和散文。涌现了斯力等一批苗族网络原创文学作家，他们潜心从事网络文学创作并受到网络文坛的关注。斯力创作的长篇小说《县委组织部长》走红网络，成了苗族网络原创文学的先锋作家之一。

斯力长期生活在苗族社区，体验着新时代的生活。他创作的长篇小说《县委组织部长》，以一个基层公务员的成长经历为主线，对基层官场的生活作了生动细致的描绘，展示了一幅现代县乡官场的生动画卷。小说通过跌宕起伏的情节和主人公的命运波折，表现了机关公务员在纯洁的理想信念和卑劣的政治手段之间的犹豫和选择，展示了新一代人们建设新型社会管理体制的愿望。同时，小说还反映了他们在爱情观上的迷失，以及内心面临的强烈道德冲突。经过一番生活风雨的历练和洗礼，主人公终于突破了小我的利益诱惑，走向了大我与无我的广阔境界。无论在新时代的苗族文学领域，还是在时代网络文学平台上，斯力的长篇小说《县委组织部长》都受到普遍的关注。2009年1月，南海出版公司已将其出版为纸质图书。《县委组织部长》迄今为止，成了苗族网络文学较有影响的作品。